これからの
人と企業を創る
健康経営

健康経営評価と企業価値創造

岡田　邦夫　特定非営利活動法人 健康経営研究会 理事長

高橋千枝子　三菱ＵＦＪリサーチ＆コンサルティング株式会社
　　　　　　コンサルティング・国際事業本部マーケティング戦略部　チーフコンサルタント

特定非営利活動法人 健康経営研究会

はじめに

　人生において「働く」ことはきわめて重要なライフイベントです。従来の定年が60歳、70歳と延長され、ますます働く人の健康と体力の確保が重要となりました。高齢社会において働くためには、一人ひとりが自分自身で健康を管理する必要性が高まってきていると言えます。また、退職したときには健康で元気であることが地域社会の活性化にも重要であり、企業にとっても新たな顧客としての従業員という視点が必要です。従業員が元気に退職して、企業の顧客として企業を支える存在となることは、将来の企業の発展を考えたときに、大きな推進力になります。百年以上脈々と活動を継続する企業は、歴代の経営者や退職した従業員の支えがあり、そして地域社会の支援があって、その存在が社会に許容されているのだろうと思います。

　健康経営*は、自社の発展と繁栄を望む経営者が、企業の経営と従業員の健康を両立させるための考え方を提示しています。組織は、目的をもって日々の活動を行っていますが、目的達成には多くの努力が求められます。企業内でのプロジェクトの成果が達成できたときの喜びは、働くことの喜びでもあります。しかし、元気で健康であるという基盤がなくてはその成果も色あせたものになります。共通の目的をもった集団が、その目的に向かって邁進することでいろいろなことをその過程において学ぶことができます。働くことを通して、私たちは自分自身の成長を促し、同じ職場の人たちとコミュニケーションを図り、働きがいのある職場を醸成することになりますが、健康経営は、その推進力としての経営者を位置づけています。

　働きがいのある仕事を得て、元気で働ける職場に勤められることで、私たち一人ひとりの生きがいを生み出します。そして多くの企業が活力ある人を地域に送り出すことができるならば、元気な社会が創造されることになります。経営者の皆さんが一人でも多く健康経営者となり、健康経営を実践していただければと思います。

　新しい時代に向けて、企業は新しい企業価値創造が求められています。企業が社会的価値を高めることで、社会の一員として社会とそして地域と共生できることが、百年企業の創造に直結することになるのではないでしょうか。

なお、本書は、第1部は「月刊　健康日本」2013年4月号～2014年3月号（2014年2月号を除く）（一般社団法人日本健康倶楽部）、第2部は「月刊　安全と健康」2014年1月号～12月号（中央労働災害防止協会）に連載した記事をまとめ加筆したものです。また、第3部は「新しい健康経営評価指標」について、三菱ＵＦＪリサーチ＆コンサルティング株式会社の高橋千枝子さんにまとめていただいたものです。

　　　　　　　　　　特定非営利活動法人　健康経営研究会　　　理事長　岡田邦夫

　　　　　　　　＊　健康経営は特定非営利活動法人健康経営研究会の登録商標です。

これからの人と企業を創る健康経営
目 次

はじめに ………………………………………………………………………………… 3

第1部　健康経営の考え方 …………………………………………………… 9

1　働く人の健康が企業を伸ばす ……………………………………………… 10
（1）働く人も企業も「病気にならない」／10
（2）労働者の健康づくりは一つの事業／10
（3）健康の経済効果を考える／11
（4）「ヘルシーカンパニー」の概念／11

2　良好なコミュニケーションが健康につながる …………………………… 13
（1）「健康」と「経営」を統合的にとらえる考え方／13
（2）オフィスのIT化はコミュニケーションの希薄を生む／13
（3）人間、時間、空間という「間」に投資する／14

3　上司の「見る目」と「理解」が働く人の「力」になる ………………… 15
（1）訴訟に発展する労務管理の問題／15
（2）コストパフォーマンスを考えて健康管理する／15
（3）「頑張ったね」の一言は「心理的報酬」になる／16

4　「明日への投資」が働く人のインセンティブ（動機づけ）になる ……… 17
（1）「心理的報酬」が大切なワケ／17
（2）「明日への投資」で企業の健康と働く人の健康が両立／17
（3）社員食堂のみそ汁をうす味にして健康の基本を示す例／18

5　「予防投資」という考え方が、働く人の健康を守り労働損失をカバーする …… 19
（1）「明日への投資」が企業基盤を創造／19
（2）労働の本質が「健康の経済的価値」を示す／19
（3）「疾病就業」と「病気欠勤」の労働損失／20
（4）職場に空気清浄機設置、予防投資の例／20

6　健康づくりのためには、「買わない時間」「売らない時間」の大切さを知る ……… 22
（1）経営者や管理監督者がキーパーソンになる健康環境づくり／22
（2）長時間労働・過重労働で発生するコストを考える／22
（3）健康づくりにも時間と費用が必要／23

7　経営的判断と医学的判断を融合させる、産業医は企業のホームドクター ………… 25
（1）経営の視点でとらえる従業員の健康／25
（2）経営的視点から考える産業保健スタッフの立場／25
（3）経営的視点から考える産業保健スタッフの活動／26
（4）産業医が経営的機能を果たす／27

8 職場の健康管理・健康づくりを経営者は「投資」として考えられるか ……………… 28
- （1）労働安全衛生上のリスク回避のために／28
- （2）従業員の健康障害、損害賠償が求められた例／28
- （3）積極的な健康管理が大きな効果を生む／29
- （4）投資に見合った健康づくりとは／29

9 職場の健康づくりは長期的、継続的な取り組みが大切。成果の確認も長い目で … 31
- （1）経営的視点でよりよい健康管理が成り立つ／31
- （2）健康づくりの実施で経済効果を得た研究報告／31
- （3）健康づくりプログラムに関する費用面での効果の報告例／32
- （4）健康づくりプログラムは計画的、組織的、継続的な実施が不可欠！／32

10 目に見えない「人的資源」を資産化するという考え方 …………………………… 34
- （1）リスク回避をするためには投資が不可欠／34
- （2）健康経営によって健康会計にも効果が得られる／34
- （3）健康経営者が的確な経営視点をもつことで利益をもたらす／35

11 「健康経営」を推進するために、それぞれの役割を果たす ………………………… 37
- （1）健康経営のためのそれぞれの立ち位置／37
- （2）それぞれの立場で、それぞれの役割を果たしてこそ真の「健康経営」／38

第2部　健康経営のすすめ ……………………………………………………… 39

1 企業は人なり －人と企業の成長を促す健康投資－ ………………………………… 40
- （1）経営者の英断―百年企業の創造／40
- （2）ヘルシーカンパニーと健康経営／42

2 健康経営とは －共進をめざす－ ……………………………………………………… 46
- （1）企業の成長と従業員の健康の両立／46
- （2）企業の成り立ちと存在／47

3 現代社会 －経済動向と働く人の健康－ ……………………………………………… 48
- （1）生活習慣病から生活環境病へ／48
- （2）社会の動きと健康問題／48
- （3）企業の動きと働く人の健康／49

4 労働時間と余暇時間の虚実 ……………………………………………………………… 50
- （1）医療費分析から労働時間へ／50
- （2）休日の活動と2型糖尿病の発症リスク／50
- （3）健康経営の第Ⅲ軸／52

5 健康管理の限界 －ハードからソフトへのパラダイムシフト－ …………………… 55
- （1）健康管理と疾病管理／55
- （2）健康経営と健康投資／55

6 経営者の健康習慣と健康づくりプラン ………………………………………………… 57
- （1）経営者自身の健康づくりの効果／57
- （2）企業の健康づくりは従業員へのインセンティブ／58

7 健康経営 －人づくりのための組織づくり－ ……………………………………… 59
　（1）人を支える組織をつくる／59
　（2）管理監督者の安全配慮義務／60
　（3）参考判例／61

8 健康経営はコミュニケーションが基盤 ……………………………………… 63
　（1）健康経営は双方向の理解／63
　（2）健康経営評価指標／63

9 健康経営のめざすところ ……………………………………………………… 66
　（1）健康経営の意味するところ／66
　（2）従業員の満足度／66
　（3）従業員の健康と企業の社会貢献／67

10 産業保健スタッフと健康経営 ………………………………………………… 68
　（1）産業保健スタッフと事業者／68
　（2）全体を俯瞰して、詳細を詰める健康づくり／68
　（3）サブポピュレーションアプローチ／69

11 健康管理の限界への対応 －使用者と労働者の歩み寄り－ ………………… 70
　（1）働く人の健康管理責任／70
　（2）使用者に課せられる性質のもの／70
　（3）参考判例／71

12 自然にやさしい、環境にやさしい、人にやさしい ………………………… 73
　（1）従業員の健康から始まる世界の健康／73
　（2）休日の活動は健康の源／74
　（3）健康経営のすすめ／74

第3部　新しい健康経営評価指標　　77

1 健康経営評価指標が求められる背景 ………………………………………… 78
　（1）健康経営は理解から具体的実践のステージに／78
　（2）健康経営評価指標の目的／78
　（3）CSVと健康経営／79

2 新しい健康経営指標に求められる視点 ……………………………………… 80
　（1）新しい健康経営評価指標に求められる10の視点／80
　（2）新しい健康経営評価指標に求められる10の視点＜ポイント＞／81

3 新しい健康経営評価指標 ……………………………………………………… 86
　（1）新しい健康経営評価指標の全体像／86
　（2）新しい健康経営評価指標の項目について／87
　（3）評価の流れ「健康経営評価認証制度」／88
　（4）従業員健康経営アンケートの実施／89
　（5）アウトプットとPDCA／89
　（6）最後に／90

第1部
健康経営の考え方

岡田　邦夫

特定非営利活動法人　健康経営研究会　理事長

1 働く人の健康が企業を伸ばす

(1) 働く人も企業も「病気にならない」

いつまでも元気で働きたい、というのはだれもが望んでいることではないでしょうか。

そうはいっても生活習慣病、メタボリック症候群、うつ病といった現代病が蔓延するなど、決して理想的な環境で働いているとはいえません。働く人も企業も「病気にならない」ために、いままで以上に心身の健康に留意することが必要となっています。

企業の生産性や企業活動の創造性は、企業のハードウェアから生み出されるものではありません。企業が生産性を上げて、発展をしていくためには、そこで働く一人ひとりの労働者の活躍が原点になっています。企業に勤める人が心身ともに健康で、元気に創造性を発揮して働いてこそ、企業の発展があることは言うまでもありません。

過去には企業の生産性を向上させるために、働く人たちの健康が二の次とされてきた時代もありました。しかし、心身の健康を確保せずに企業の生産性を向上させることは、長期的には不可能であるということの認識から、多くの企業が労働者の健康づくりに力を注ぎ、投資をしました。

ところが、思ったほどの効果が得られなかったために、運動施設の廃止、健診時の問診の簡略化、相談にかける時間の減少など、健康にかかわる投資を減らす企業が増えてきたというのが現状です。

(2) 労働者の健康づくりは一つの事業

私は以前の『健康経営のすすめ』という書籍で、このような健康づくりへの投資が見直されてしまった要因は、その取り組みに経営の視点がなかった点にあることを挙げました。労働者の健康づくりを経営的に考え、長期的な展望と計画に基づいた戦略を立てるべきだったのです。経営的な視点をもつことによって、計画と投資に見合う結果を得られるのか、結果を得るために何をすべきなのか、また、投資に見合った結果をどのように生産性の向上に結びつけていけばよいのか、が見えてくるはずです。つまり企業は、労働者の健康づくりを一つの事業として、重要な投資と考えてコンプライアンス（法令遵守、企業倫理）とリスクマネジメントを踏まえて、経営手腕を発揮するべきなのです。

(3) 健康の経済効果を考える

　企業を取り巻く環境の厳しさは、ますます増大しつつあります。現代社会で企業が存続するための条件として、経営者も含めて働く人の健康がますます重要になってくるでしょう。企業としてもストレス対策、生活習慣病対策も必要であることは言うまでもありません。

　「健康」は、いまや個人を対象とした臨床医学的な領域から、社会心理学・社会経済学的な領域に拡大し続けています。疾病になれば進歩した医学の恩恵を受けることになりますが、現代社会は疾病にならないようなしくみを求めているのです。つまり、一次予防の重要性が見直されているのです。

　生命に経済的価値をつけることはできませんが、健康については経済的価値を考えざるをえない状況になっているのです。企業の経営者は、そこで働く人の生命と健康を守る社会的な役割を担っているといっても言いすぎではないでしょう。働く人が心身ともに健康で、前向きに仕事に取り組める環境づくりが、経営の基本だと思います。人を活かすためのしくみを基盤とし、心身ともに健康な人が集う企業は、生産性・働く人の士気（モラール）も向上するものと考えています。

(4)「ヘルシーカンパニー」の概念

　私が提唱した「健康経営」を理解するための重要なキーワードとなっているのが、アメリカの臨床心理学者のロバート・ローゼン博士が提唱した概念「ヘルシーカンパニー」です（表1）。

表1●ローゼン博士が指摘した組織内の労働者の健康を損ねる危険因子

- ストレスの多い労働条件
- 統制あるいは参画の欠如
- 職場における緊張した人間関係
- キャリア開発の道が閉ざされていること
- 不明確な業務上の役割
- 変化に対して後手にまわる管理
- 家族と余暇に時間が割けないことに対する葛藤

　ローゼン博士は著書の中で、従業員の心身のストレスを生み出すマネジメントのあり方にメスを入れ、組織や仕事から発生するストレスが従業員に与える影響を解説しています。そしてそのストレスを取り去った場合の効果などを、個人の健康増進が業績向上につながる現実的な方策について書いています。

このヘルシーカンパニー思想が提唱された1980年代以降、アメリカでは、企業が自社の従業員の健康づくりに積極的に取り組んで大きな成果を得ているという研究結果があります。日本でもこの考え方が普及しつつありますが、まだ十分とはいえないでしょう。
　第1部では、健康経営の視点から、働き盛りの人が企業の中でどのように健康を守るのか、企業はどのように対応するべきなのか、具体例を挙げながら解説していきたいと考えています。

2
良好なコミュニケーションが健康につながる

(1)「健康」と「経営」を統合的にとらえる考え方

　ロバート・ローゼン博士が提唱した「ヘルシーカンパニー」とは、従来分断されている「経営管理」と「健康管理」を、統合的にとらえることによって、企業業績の向上に結びつけるという考え方で、組織や仕事から発生するストレスを従業員から取り去ることによって、個人の健康増進の効果が表れ、業績向上につながるというものです。
　ローゼン博士は、ヘルシーカンパニーの考え方のポイントとして、次の4点を重視しています。
　①従業員の健康に対するライフスタイルへの影響
　②従業員の健康に対する労働環境への影響
　③組織の収益性に対する従業員の健康度への影響
　④従業員の健康と組織の利益に対する家族、同僚、余暇などへの影響
　以上の4点を踏まえたうえで、「従業員の健康増進」と「生産性向上」の両方に活用できる企業の基本戦略は2つあるとして示しています。
　戦略①：ストレス管理や禁煙、高血圧のコントロール、栄養教育、ウエイトコントロール・プログラムなど、ウェルネスと予防の機会を提供して、従業員の疾病に対する抵抗力を高める戦略。
　戦略②：人的資源政策およびプログラムを通じて、健康増進と生産性向上につながる労働環境をつくり上げる戦略。
　これらの2つの戦略を組み合わせることによって、最も健全な究極のカンパニーを確立することができるとしているのです。

(2)オフィスのIT化はコミュニケーションの希薄を生む

　"究極"までいかなくとも、より健全なカンパニーにするために、具体的にどのようにすればいいのでしょうか。
　「企業の生産性や企業活動の創造性は、企業のハードウェアから生み出されるものではなく、企業で働く一人ひとりのもつ生産力や創造力から生まれてくるものです」と、前述しましたが、その力の源となるのは、「健康」です。そしてさらには、職場内における「コミュニケーション」であり、「企業環境」です。これらが融合してバランスよく構築されて、

「企業の力」となるのです。

　ただ、現状に目を向けてみますと……。

　オフィスはIT化や技術革新が急速に進み、働く人のほとんどが、労働時間内にコンピュータを使う時代になりました。コンピュータによって職場は多大な恩恵をもたらされ、働く人々の業務が円滑になる、労働の負荷が軽減される、とおおいに期待されました。しかし現実には、健康診断結果における異常所見の増加、長時間労働による健康障害や、職場でのストレスによる精神障害の増加など、健康上の諸問題も浮き彫りになってきています。

　米国の臨床心理学者クレイグ・ブロードは、著書『テクノストレス』の中で、「コンピュータ作業とは、通例、孤独で反社交的な営みであって、想像力を刺激されることもほとんどない。外部からの刺激もいっさい締め出されてしまう」と警告を発し、人と人とのコミュニケーションの希薄化を防止する対策の必要性を説いています。

(3) 人間、時間、空間という「間」に投資する

　人と人とのコミュニケーションは、働く人の健康の視点だけでなく、企業活動を高めるためにも不可欠だということを、働く人、管理する人、経営する人、皆がともに強く認識する必要があると思います。

　職場のコミュニケーションの例として、「ちょっと熱が出てしまって。すみませんが、今日の仕事は……」と言う部下に対しての上司の言葉です。

　　A＝「今日は帰りなさい。心配するな、ワシがやっておく」（→「熱が下がったら頑張ります！」）

　　B＝「ワシは、40度の熱があっても働いたもんだ」（→「上司はオレの体なんかどうなってもいいんだ」）

　自分のことを考えてくれていると思える上司と、ワシもやったんだからお前もやれという上司。このような上司のなにげない一言によって、上司と部下の関係、職場環境は徐々に変化するわけです。

　コミュニケーションは、人と人とのすき間を橋渡しし、積極的なつながりを築いていくための大切なツールです。Aのような良好なコミュニケーションが蓄積されることによって、職場の雰囲気は社員を元気づけ、業務を改善し、企業環境は整っていきます。

　働く人の健康が企業を伸ばすという観点に立って、経営者は、人と人との「間」、会話をする時間の「間」、職場空間という「間」に投資することを怠ってはいけないのです。

3 上司の「見る目」と「理解」が働く人の「力」になる

(1) 訴訟に発展する労務管理の問題

　ここで、職場で直に働く人と接する、管理者・監督者の立場から「間」を考えていきたいと思います。

　管理者は、職場をどのようにコントロールしていくかという立場にありますが、経営の側面、働く人の側面の両面を理解しなければなりません。そして、職場という日々繰り返されている環境の中においては、種々雑多な問題が起こってくるものです。その問題が、つまり、「労務管理」の問題なのですが、いま、「労務管理」として重要なのが、働く人の健康管理です。

　業務上の疾病が出てきたり、安全配慮義務の違反があったり、裁判が起こって多額の賠償が求められたりなど、いずれも企業のイメージダウンはもちろんのこと、管理監督者が個人的に責任を問われるケースも出てきています。

　つまり、経営者だけではなく、管理監督者も「共同不法行為」ということで、会社と上司が連帯して労働者に健康被害を与えたという観点から、賠償をしなければならないということになってくるわけです。企業のしくみの中では、指揮命令権をもつ立場にある管理監督者は、部下の健康管理義務を負うことになるので、そのことをしっかり頭に入れておかなければなりません。

(2) コストパフォーマンスを考えて健康管理する

　では、職場の中で、何を優先させて健康管理をすればいいのでしょうか。お金を使えば使っただけ、自分の部下たちが元気になるのでしょうか。

　お金をかけたからといって、万全の職場環境にはならないことくらい、おわかりですね。そして、お金をかければいいというものでもありません。管理監督者の立場から、まず考えなければならないのは、コストパフォーマンスです。

　ある100人の従業員数の会社で、100人の肥満症の人がいて、100万円をかけて肥満対策をやっているとしましょう。その情報を得た別の会社が、「わが社でも肥満対策をやろう」と、計画するとします。ところが、その社では100人中2人しか肥満症がいなかったら……。片や100人に100万円なのに、もう一方では2人に100万円を投じてしまう。コストパフォーマンスが非常に悪いことになります。

何に力を入れて健康管理をするのかというのは、人事・労務管理という観点から、とても重要で、これを「サブポピュレーション・アプローチ」と言います。それぞれの職場において、その職場に特化した健康づくりを、管理監督者がプランニングし、コストパフォーマンスをしっかり考えて、実行に移さなければならないということです。管理監督者にとっては、大きな役割を任されているわけです。

　ただ、限られた予算の中で、いかに効率よく健康づくりをするかということについては、管理監督者の力だけでは、なかなかまとまらないものです。やはり、産業医や産業保健スタッフなど専門家の力を借りて、しっかり分析して推進する必要があります。価値のある健康管理の方向に進めるためにも、ぜひ、専門家のアドバイスをもらっていただきたいです。

(3)「頑張ったね」の一言は「心理的報酬」になる

　基本的な労働契約というのは、従業員は健全な労務を提供し、経営者はそれに見合った賃金を払うというもの。健全な労務を提供することが前提になっているのですから、それを怠るようなことがあってはよくないわけです。健康で、就業規則をきちんと守って、毎日出勤するというのが大原則です。

　労働契約を健全に継続するためには、従業員側は、自分の健康に対する価値観を維持し、生活習慣病などにならないように健康に留意し、自分で予防していかなければなりません。それに対して経営者側は、従業員の健康状態を維持し、向上してもらうために、効率的に資本を投入する、つまり、健康づくりに投資することを考えます（これが健康経営の第一歩）。さらに進めば、いまの健康管理のレベルをアップさせて、将来、退職した従業員のセカンドライフが豊かなものになるようにすれば、従業員が顧客に早変わりするでしょう。そこまでつなげていくのが、本当の健康経営になっていきます。

　そんな職場環境の中で、管理監督者が率先してやらなければならないことがあります。それは、「頑張ったね」の一言をかけること。これは、「心理的報酬」を与えることになりますから、従業員のモチベーションにつながります。つまり、「エンプロイイー・サティスファクション（従業員満足度）」が高くなったことになります。たった一言ですが、声をかけられた従業員にとっては、数倍の効果をもたらす特効薬になるのではないでしょうか。

　仕事に対してきちんと評価して、「金銭的報酬」に反映されればもっといいのでしょうが、なかなかそうもいきません。「心理的報酬」の効果が大きいことを体験してみてください。

4 「明日への投資」が働く人のインセンティブ（動機づけ）になる

(1)「心理的報酬」が大切なワケ

　「心理的報酬」は、従業員の満足度を高めるとともに、退職後のセカンドライフにもよい影響を及ぼしますが、これこそが健康経営のもう一つの大切な側面で、従業員は将来、自分の会社の顧客になるという考え方なのです。

　ある従業員が、「私はあの会社で、上司にいじめられて体調が悪くなったことがあったな」とか、「あの会社は、結構大きな事故を起こしていたよな」といった印象をもったまま退職したとします。この従業員は、自分の勤めていた会社に対して不満のほうが多いのですから、たとえば、同業であるにもかかわらず自社の製品は買わず、他社の製品を買うようにしているとなると、顧客を失ったことになります。この行動は、その従業員だけにとどまらず、想像以上の負の波及効果につながってしまうものなのです。

　つまり、「心理的報酬」によって、「いい会社だなあ」というエンプロイイー・サティスファクションが芽生え、これが、カスタマー・サティスファクション（顧客満足度）となっていきます。

　愛社精神は、退職後も続いていかなければならない、そういう視点で従業員の健康・労務の管理をするのが、経営者や管理者の大切な仕事で、これも健康経営の考え方だと理解してほしいと思います。

(2)「明日への投資」で企業の健康と働く人の健康が両立

　企業活動の目的は、利益を生み出すことです。このことについての異存はないと思いますが、この利益は、営業活動、生産活動によってのみもたらされるものでしょうか。企業の利益は、経費を削減することでも得られます。その一つが医療費です。従業員の健康状態が悪化すれば、医療費の増大を招き、同時に生産性の低下につながり、財政基盤の崩壊へ進行しかねません。

　ですから、その前に、働く人、監督管理をする人、経営をする人と、それぞれ立場の違う三者が職場の中で「職場は快適か」「生きがいはあるか」「働きがいはあるか」「働きに応じた対応を会社はしているか」「仕事の評価をきちんとしているか」といったことを自問自答しながら、それぞれの立場の人たちがお互いに健康づくりの方向性を確かなものにすることが大事になってくるのです。

働きがいのある人間らしい仕事（ディーセント・ワーク）を実現するために、①職場で発言がしやすく、それが認められること　②家庭生活と職場生活が両立できること　③安全な職場環境や雇用保険などのセーフティーネットが確保されていること、などの課題を解決し、そこにかかる経費を「コスト」としてではなく、積極的な「明日への投資」ととらえることができれば、企業の健康と働く人の健康は両立して、確かなものになるはずです。

　企業の健康づくり活動（明日への投資）の効果については、『健康観の転換』（東京大学出版会、1995年）の中で、「医療費の削減」「治療にかかわる交通費・待ち時間の削減」「健康とクオリティ・オブ・ライフの改善」などの従業員側の利益と、「健康保険費の削減」「欠勤率の減少」「生産性の向上」などの雇用側にとっての利益とともに、社会的資源としての「医療費の削減」「健康増進の重要性の公認」など、社会にとっての利益があることも指摘しています。

　企業が従業員を雇用して、その健康増進に努めることは、社会に対して多大な貢献をしていることにほかならないのです。

(3) 社員食堂のみそ汁をうす味にして健康の基本を示す例

　たとえば、従業員の多くに、糖尿病や高血圧の予備群がいる会社があったとしましょう。A社は、病気は基本的には個人レベルなので、再検査するようにといった指導はするものの、経営者や管理監督者はそれ以上気にかけず、具体的には何もしないままでいます。一方、B社は、まず社員食堂のみそ汁の塩分を0.9％以下にしてみました。

　B社では、「みそ汁の味がうすいなあ、なんでうすいのですか」と社員に聞かれたら、「会社のみそ汁は塩分を0.9％にしています。あなたの家のみそ汁が濃いのだと思いますよ。家のみそ汁の濃さを考えなければいけませんね」と答え、会社の健康の基準を示すことができるのです。

　さらに、従業員側は、「会社は私たちのために、こんな気遣いをしてくれているのか。ありがたいなあ、頑張らなくちゃ！」というインセンティブ（動機づけ）になるわけです。結果、モチベーションを上げることにつながります。

　A社はといえば、食事指導もないままに、真の糖尿病や高血圧症に移行して、病欠の人が増え、職場環境は悪化し、「健康保険費の増加」「欠勤率の増加」「生産性の低下」と、健康感が正へ転換するのではなく、負のスパイラルへ！

　経営者、従業員がお互いに気遣う企業経営は、未来につながる企業基盤を創造します。「明日への投資」がいい形でなされれば、働き盛りはますます元気、会社も元気経営となり、「企業力」はぐっと高まるのです。

5 「予防投資」という考え方が、働く人の健康を守り労働損失をカバーする

(1)「明日への投資」が企業基盤を創造

　表2は、『健康観の転換』（東京大学出版会、1995年）に掲載している、経営者側、従業員側、社会の三者における潜在的な利益について示したものです。

　人生の大半を、ある組織に従属する組織人となる労働者の健康は、組織が健康づくりに取り組むことによって、また組織人がそれに真摯に取り組むことによって、社会にも健康というかけがえのない利益をもたらすことを明確にしているのです。

表2●経営者側、従業員側、社会の潜在的利益

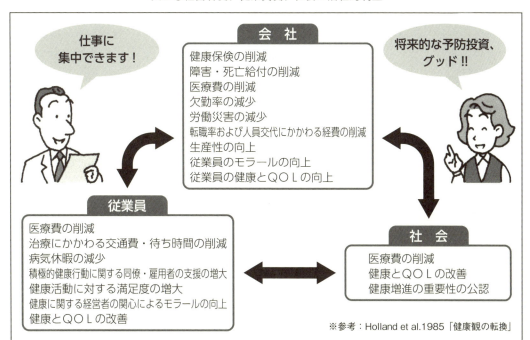

※参考：Holland et al.1985「健康観の転換」

(2)労働の本質が「健康の経済的価値」を示す

　WHO（世界保健機関）では、労働そのものが、社会人、組織人であるわれわれの健康に大きな影響を及ぼすという点について、次のような報告をしています。

　「労働は重要であり、また、自尊心（self-esteem）や秩序観念（sense of order）形成のうえで、大きな心理的役割を演じると指摘されている。労働は人間の自己認識（sense of identify）を形づくる大きな力なのである。そしてそれは、生存に大きな力を与え、日・週・月・年の周期的パターンを形成する。子どもや老人の世話、ボランティアのような経済的な利益のない仕事にも価値があり、その人に満足感を与える」

さらに、その報告書の中では、「失業は、労働者の生理的・精神的健康にも悪影響を与える。もし、失業が長期に及べば、その人の健康は次第に減退していき、慢性疾患が出現してくる。失業による精神的・経済的破綻は、彼らの家族にも影響を及ぼす」としています。

そして、失業者は、不安と抑うつが結びついて、就業者よりも酒、たばこ、薬物におぼれやすいという報告もされています。

労働という視点から、社会人、組織人として「健康の経済的価値」を見いだすことは、非常に大切であることがうかがわれます。

(3)「疾病就業」と「病気欠勤」の労働損失

働く人も体調を崩すことがあるでしょう。従業員の健康状況の悪化は、企業にとってはプレゼンティーズム（Presenteeism＝疾病就業）としてとらえます。

病気などで会社を休むこと（アブセンティーズム、Absenteeism＝病気欠勤）は、生産性がゼロになることを意味しますが、疾病をもちつつ働くことも、その従業員のもつ能力を100％発揮しているとはとらえられません。

ある海外の企業で、疾患別のプレゼンティーズムの例を挙げており、アレルギーあるいは鼻腔の問題については、罹患率59.8％、平均年間損失額は約180万ドルにもなると推定しています。

たとえば、花粉症を有する女性従業員について考えてみましょう。

花粉症で会社を休むほどではないですが、仕事中にくしゃみをして、鼻水が出てくると仕事の手を休めて、洗面室に行きます。洗面室で鼻をかんで、お化粧を直して、席に戻ってくると、またくしゃみをします。1日に何度となく繰り返されることでしょう。

仕事の手を休める時間、洗面室を往復する時間を金額に換算すると、従業員2万人くらいの企業で、何億円にもなると言われています。労働時間の損失を回収するためには、予定外の労働を課せられることになるのです。

(4) 職場に空気清浄機設置、予防投資の例

たとえば、花粉症対策として、職場に空気清浄機を設置した例をお話ししましょう。

ある職場で、くしゃみをする人、鼻水のために鼻をかむ人、目のかゆみを感じる人が多く、トイレを往復する回数が増え、仕事に集中できないような環境が生まれていました。

そこで、職場に空気清浄機を設置して、職場環境を改善したところ、くしゃみをする人が少なくなり、鼻水で不快感をもつ人も減りました。

空気清浄機の設置でくしゃみや鼻水を予防し、職場環境を整えることで、鼻をかむ時間やそれによって失われる集中力や思考の断絶などを改善することができたのです。

　「花粉症は個人の病気だろう。会社が何かをしなければならないのかな？」と考える経営者もいるかもしれません。確かに、空気清浄機は高価なものでは100万円するかもしれません。しかも10台であれば1,000万円かかります。しかし、労働損失が1億円としたら、この1,000万円はそれほど高額なものではない、将来的な予防投資です。従業員側にとっては、「会社は私たちのために、こんな機器を導入してくれた」と業務遂行の動機づけになり、インセンティブになるのです。

　花粉症対策の空気清浄機設置は、投資効果が期待でき、働く人の生産性・創造力の向上も期待できる好事例です。なお、空気清浄器の設置は、経営判断にかかわるもので、医療職が空気清浄器の設置が望ましいと思っても実現するものではありません。つまり、経営者の健康経営的な考え方や決断による取り組みといえます。

6 健康づくりのためには、「買わない時間」「売らない時間」の大切さを知る

(1) 経営者や管理監督者がキーパーソンになる健康環境づくり

　職場の健康環境や健康づくり風土は、どのようにすれば醸成することができるのでしょうか。これは、経営者の健康経営に対する考え方によって、その方向性が決定されると言っても過言ではありません。

　快適な職場環境は、前述の花粉症のようなアレルギー疾患のみならず、腰痛やうつ病などに対しても効果的であることがわかっています。ですから、従業員一人ひとりに対して個別にアプローチするとともに、職場全体の環境や風土を変革していくための経営者の強力な推進力が不可欠になってくるのです。

　つまり、企業における健康づくりの考え方は、単に個人に対する健康づくりにとどまるのではなく、職場全体にとっての健康づくりという、広い視点での包括的な考え方でなければならないといえます。

　そのために、専門家の助言を求めることも大切で必要なことではありますが、最も重要なのは、経営者や管理監督者がキーパーソンになって、職場の健康づくりを推進していくことです。

(2) 長時間労働・過重労働で発生するコストを考える

　快適な職場環境づくりに、経営者が「予防投資」をする企業もあれば、まだまだ実践していない、できない企業もあるのが現状だと思います。

　昨今では、わが国では労働時間の二極化が進み、長時間労働や過重労働については、社会問題となっています。長時間労働・過重労働は脳血管疾患や心疾患の事故原因となり、さらにメンタルヘルス不調の発症要因になるとされ、従業員にとっても経営者にとっても、職場環境づくりの重要な課題となっています。

　特に経営者にとっては、過重労働が発生すれば、法律の定めるところにより、医師による面接指導が必要となるため、労働時間の損失とともに、医師による面接指導の経費等が発生することになり、経営面でのマイナスも生じます。

　最終的には、労働災害認定や民事訴訟における損害賠償なども考えておかなければならず、企業が支払う代償は、きわめて大きいと言わざるをえないのです（表3）。

　いずれにしても、近年は、働く人（従業員）の業務に起因する健康障害に対するコスト

表3●過重労働によって発生するコスト

```
1．過重労働を行った労働者に対する医師による面接指導料
2．過重労働も準じる労働者に対する保健指導にかかる費用
3．面接指導、保健指導に要する時間（労働時間の損失）
4．過重労働による健康障害が発見された場合
    専門医への紹介（医療費）
    定期的な通院・治療（医療費）
    休業（医療費、傷病手当金、見舞い金など）
    復職した場合の労働損失（業務遂行能力）
5．労災認定による労災保険料率の上昇
6．民事裁判に至った場合の訴訟費用、賠償金等
```

は大きくなりつつあり、経営者の従業員に対する健康管理責任は、ますます大きな課題になっています。企業の立場に立つと、従業員にしっかりと働いてもらわないと、企業の存続は難しいし、業務に起因した従業員の健康障害により企業イメージが低下したり、多額の賠償が求められたりしても、企業の存続は難しいのです。

従業員と経営者の立場は常に相対立するものですが、経営者の視点からは、職場や従業員の健康状態を把握し、専門家の意見を踏まえて、最も効果的な健康づくり施策を作成し、それを計画的、組織的、継続的に実践することで効果が期待できる可能性は大です。従業員の視点からでも、経営者がキーパーソンとなって強力に推し進めてくれれば、十分に納得がいくものです。

(3) 健康づくりにも時間と費用が必要

働く人が病気になり、治療のために時間と費用がかかるように、健康づくりについても、同じように時間と費用が必要であることを、経営者、従業員の両者が頭に入れておかなければなりません。

労働契約は、従業員から提供される労務に対して、その対価を支払うことで成立しますが、わが国では、「労働契約法」第5条に定められた安全配慮義務の履行が経営者に求められています。つまり、安全配慮義務の履行のためには、経営者は従業員から「時間を買いすぎる」ことがないように注意しなければならない、ということになります。また、従業員は自分の健康を維持するために「時間を売りすぎない」ように努めなければならないのです。

経営者は、従業員から労働時間を買いすぎると、そのリスクを負うことになり、一方、従業員も時間を売りすぎると、健康という大切な財産を失うことにもなります。健康維持

のためには、大量の時間（睡眠時間、運動する時間、ゆっくり食事をする時間、多くの人と語らう時間、何も考えないでボーっとする時間など）が必要で、何ものにも拘束されない自由な時間が健康をはぐくんでいるのです。

　しかし、過重労働や長時間労働で自由な時間が奪われると、その代償として、人は健康も奪われることになり、それを回復させるためには、多くの時間と費用が必要になってきます。一人ひとりが健康を維持するためには、その費用を先に投資することが必要になってきます。その投資が従業員の人生を豊かにし、結果、企業の発展に寄与することにつながっていくのです。

　この機会に、働き盛りの皆さんは、「売らなかった時間」をどのように健康に投資すれば効果的なのかを判断して、投資に見合った利益を享受してください。

7 経営的判断と医学的判断を融合させる、産業医は企業のホームドクター

(1) 経営の視点でとらえる従業員の健康

　一人ひとりの従業員の健康向上が、企業の発展に寄与することになり、企業の発展が、従業員の心身の健康をはぐくむのですから、経営者と従業員がともに考え、ともに歩み寄る視点がなければ、相互の発展はありえません。特に、長時間労働による健康障害の防止などについては、従業員だけでは解決できない課題を多く含んでいます。経営者みずからが企業の将来像とともに、従業員の健康についても、経営の視点でとらえることが非常に重要であると思います。

(2) 経営的視点から考える産業保健スタッフの立場

　経営の視点から、職場や従業員の健康をとらえる際に、重要な役割を担うのが専門家、つまり産業医や産業保健スタッフです。健康状態を把握し、健康づくりの施策を作成し、継続的に実践するための方法を講じるためには、彼らの専門的な意見を踏まえる必要があります。

　このスタッフたちを雇用したり、健康管理体制を構築したりすることで、企業に多大な利益をもたらすかという質問を経営者にしたとします。おそらくその答えは「ノー」でしょう。しかし、企業にもたらされる損失を最小限に抑制するために有用かという質問に変えると、答えは「イエス」になると思います。

　従業員の健康に対する経営者責任は、「労働安全衛生法」で規定されているものです。法の目的は、第1条に規定されているように、「この法律は、労働基準法と相まって、労働災害の防止のための危害防止基準の確立、責任体制の明確化及び自主的活動の促進の措置を講ずるなど、その防止に関する総合的・計画的な対策を推進することにより、職場における労働者の安全と健康を確保するとともに、快適な職場環境の形成を促進することを目的とする」です。

　法律によって、労働者の健康を確保するために、一定の規模の事業場に産業医の選任を義務づけ、業務に起因する健康障害を防止するための責務について定められているわけです。

　産業保健スタッフを雇用することで、企業に利益をもたらすとは言えないと答えた経営者も、労働者の健康を確保し、労働損失を抑制するためには、「産業保健スタッフは企業

にとって必要不可欠な人材」と言えるようになってきているのです。

(3) 経営的視点から考える産業保健スタッフの活動

　産業医については、労働安全衛生法で定められています。
　「産業医は、労働者の健康を確保するため必要があると認めるときは、事業者に対し、労働者の健康管理等について、必要な勧告をすることができる」(第13条の3)
　また、第13条の4では、「事業者は、前項の勧告を受けたときは、これを尊重しなければならない」としています。
　このように、産業医は個々の従業員の健康を確保するという視点から、事業者に助言・勧告することが定められていますが、職場の健康づくりという観点から、つまり、経営的な視野をもって経営者に助言することも、現状では必要となってきます。
　平成17年3月に発表された「産業医の職務—産業医活動のためのガイドライン—」では、産業医の職務の「経営的機能」に言及しています。
　「産業医の職務は、経営者、産業保健スタッフ、健康管理スタッフなどと連携を深めるにしたがって、より多くの職務を遂行することが求められることがある」と、経営的機能を定め (表4)、専門的立場から事業者に対して助言することで従業員の健康を確保し、企業のリスク回避につなげるという「経営的な機能」の役割を担うことになるのです。

表4●産業医の職務—機能的分類

区分	個別的機能	管理的機能	経営的機能
健康診断の実施	①健康診断項目の決定 ②医師としての健康診断業務 ③健康診断結果の判定	①受診者対象者把握に関する助言・指導 ②健康診断実施計画作成に関する助言・指導 ③従業員の健康改善計画に関する助言・指導 ④健康診断機関の選択に関する助言・指導 ⑤従来の健康診断における問題点の把握とその対策についての助言・指導 ⑥健康診断受診に関する助言・指導	①健康診断に基づく健康管理計画策定に関する助言・勧告
面接指導等過重労働による健康障害防止対策	①長時間労働者等に対する面接指導およびその結果に基づく事後措置への参画	①過重労働対策の計画の策定と実施に関する助言・指導	①過重労働対策に関する助言・勧告

(出典)「産業医の職務—産業医活動のためのガイドライン—」平成17年3月 産業医活動推進委員会 財団法人産業医学振興財団

(4) 産業医が経営的機能を果たす

　ここで、産業医が経営的な視野をもって経営者に助言することの例として、ある会社であった喫煙・禁煙問題についてお話ししましょう。

　この会社では、クリーンな環境をつくるために、全社一斉に禁煙を打ち出し、喫煙者にはニコチンパッチの補助をするとしました。会社としてはニコチンパッチ代の費用を、会社内の健康環境を確保するための投資と考え、喫煙ルームの撤廃、そこにかかる電気代その他のメンテナンス代もなくなり、投資は回収できると読みました。ただこのプランには、たばこを吸わない人、すでに個人の費用で禁煙した人などには、投資という恩恵がなく、不平等が生じます。「禁煙はあくまでも自己努力すべきもの」という考え方もあるわけです。

　しかし経営者は、投資することで従業員のモチベーションが上がるのであれば、必ず営業利益にフィードバックされると経営的判断を下します。そこの経営的判断と産業医の医学的判断を融合させ、「補助が出るのは3か月」と期限を決め、実行に移したのです。産業医が経営者と連携を取り、従業員の健康を確保しながら、企業の健康管理上のリスク回避を優先させた好例です。

　経営的判断と医学的判断を融合させることが、すなわち「健康経営」なのです。

　また、平成18年の労働安全衛生法の改正で、産業医による長時間労働者の面接指導を実施することが事業者に義務化されました。産業医は、労働者の労働時間をも加味した健康管理を事業者と一体となって実施することになったわけです。企業の抱えるリスクを医学的視点から対応することになり、事業者とリスク共有することになりました。

8 職場の健康管理・健康づくりを経営者は「投資」として考えられるか

(1) 労働安全衛生上のリスク回避のために

　企業の健康管理上のリスク回避を行うということは、従業員の健康を確保し、さらに企業の負う労働安全衛生上のリスクを回避することにつながります。つまり、産業保健スタッフが、経営者の従業員に対する健康配慮義務履行を支援することによって、健康管理における法令遵守違反、損害賠償請求などを回避することが可能になるのです。
　健康診断後の措置として行う就業制限にかかわる助言や保健指導、長時間労働者に対する医師の面接指導、労働衛生教育などは、業務に起因する健康障害を発生させないために、必要不可欠な職務といえるのです。

(2) 従業員の健康障害、損害賠償が求められた例

　従業員に対する健康管理義務を履行するためには、健康管理体制の整備が必要ですが、管理体制整備の不備によって、従業員に健康障害が起きるようなことがあれば、経営者に対して、損害賠償が求められることになります。
　この点についての判例がありますので、紹介しましょう。従業員（太郎）が死に至った事実に対し、平成14年4月15日に判決が出された大阪地裁のものです。
　「被告は、太郎に対する健康診断を年に1回しか実施せず、産業医を選任せず、医師の意見を聴取しなかったことが認められる。（中略）証拠によれば、被告は、健康診断の結果をそのまま本人に渡すだけで、本人から会社に対して健康診断の結果のコピーが提出されていたものの、要治療や要二次検査の所見が出た労働者が病院に行くことができるよう、作業の日程を調整したことはなく、被告から太郎の直属の上司にあたる甲山らに対して、太郎の健康状態に関する情報を、なんら伝えておらず、甲山らはA社から受注した仕事を割り振る際に、太郎の作業配分を考慮したこともなかったことが認められる。（中略）これらのことからすると、被告は、上記労働者の健康管理を、適切に講じるための適切な措置をとることができるような体制を、整えていなかったというべきである。」
　以上のように、被告の安全配慮義務違反と太郎の死亡との間に、相当因果関係があると判示したのです。
　経営者は、従業員数や規模が一定を超える会社であれば、従業員の健康管理に配慮するために、衛生管理者、産業医などを選任して、専門的な対応をしなければならないことに

なっているわけですから、求償されることになるのです。

判例が示すように、経営者は従業員の健康管理義務を履行しなければならない、つまり、従業員の健康に対する先行投資が、正に求められているということです。

(3) 積極的な健康管理が大きな効果を生む

企業が、なぜ従業員の健康管理や健康づくりに責任をもたなければならないか、それは、企業の利益はそこで働く人々から生み出される生産性と創造力によって創出されるからです。そして、そこで働く人の基盤となるのは、一人ひとりの「健康」そのものなのです。

また、日本においては、「労働安全衛生法」によって、従業員の健康管理を経営者に義務づけられていること（コンプライアンスと企業倫理）、「労働契約法」によって、事業者に安全配慮義務履行を定めていること（リスクマネジメント）、企業の社会的存在意義としての責任を果たすこと（ＣＳＲ＝コーポレイト・ソーシャル・レスポンシビリティー）が求められていることも挙げられます。

しかし、従業員の健康管理や健康づくりを推進しようとするのであれば、単に法律で規定されているからという懲罰を回避するといった消極的な理由ではなく、生き生きとした企業を創出するという積極的な考え方で取り組むことによって、より大きな効果が期待できるというのは言うまでもありません。

(4) 投資に見合った健康づくりとは

経営の視点から、従業員の健康管理や健康づくりを見てみると、単なる福利厚生ではなく、投資に見合った効果が得られるものでなければなりません（**表5**）。

多くの人が求める製品を社会に送り出し、利益を得るとともに社会的存在価値が生み出

表5●職場における健康管理の意義

① 職場、組織を支えているのは働く人であり、その基盤は健康であること
② 健康管理・健康づくりを実践するなら費用対効果が重要であること
③ 将来に対する大きな投資、健康づくりは先行投資であること
④ 組織のイメージの創造と社会的責任を果たすこと
⑤ 組織の存続条件としてのコンプライアンス
⑥ 組織のリスクマネジメント対策・安全配慮義務の履行

されている企業像とはどのようなものなのでしょうか。
　その経営者は、経営という視点から多くの人に購入してもらえる商品についてマーケッティング・リサーチを行い、その後研究開発を繰り返し、よりよい製品を創出することになります。そしてその製品を多くの方に認知してもらうために、広告や営業活動を展開することになります。そのいずれのステップも利益を創出するためには重要であり、従業員のパワーが求められます。従業員が元気でなければよい製品もできませんし、多くの方に認知してもらうことも難しいかもしれません。同じ製品のセールス活動であれば、疲れてつらそうな営業担当者と、元気で明るい営業担当者のいずれからその製品を顧客は買い求めるでしょうか。

9 職場の健康づくりは長期的、継続的な取り組みが大切。成果の確認も長い目で

(1) 経営的視点でよりよい健康管理が成り立つ

　職場、組織を支えているのは働く人であり、その人の健康が基盤となって企業の社会的価値が生まれるのですが、そのためには、健康づくり事業には必ず経営の視点を入れる、その視点を抜きにしては、従業員側にとっても経営者側にとってもよりよい健康管理にならないことを、改めて頭に入れておいていただきたいと思います。

(2) 健康づくりの実施で経済効果を得た研究報告

　企業が健康づくりに取り組むことによって得られる利益について、経済的効果の面からの研究が行われ、その結果が報告されています。ここに紹介します。
　それは、『企業における全社員を対象とした体力測定の経済的効果』(石川和子他、第19回日本健康増進学会講演要旨集・1997年、全国健康増進施設連絡協議会) というテーマでまとめられたもので、対象となった企業は、全国に15の事業所をもつ現業系企業。被保険者は9,775名です。
　1991〜1995年の間に、全従業員に体力測定を毎年1回実施し、その結果を基に運動指導を個別に行い、一般健康診断では「要指導」以上の対象者には、体力測定の結果を踏まえ

表6●体力測定の成果と費用の比較

(円)

費用	体力測定	128,261,000	
	エアロバイク購入	4,000,000	
	社内の人件費	2,657,541	
	体力測定で抜ける時間	25,901,210	
	合計		160,819,751
成果	医療費減少	112,315,207	
	欠勤日数の減少	139,418,413	
	合計		251,733,620
費用→成果			90,913,869
費用／成果			0.64

(出典)「企業における全社員を対象とした体力測定の経済的効果」石川和子他より

従業員の健康づくりは、短期ではムリ！成果は長い目で確認だ!!

ての生活指導を実行しました。

体力測定に関しては外部の企業に委託し、社内では労働衛生担当者が全体の運営を行う形をとりながら、各事業所の産業保健スタッフが実施を担当しました。

表6に示された「体力測定の成果と費用の比較」は、5年間の体力測定、定期健診、医療費、欠勤などから検討したものです。最大酸素摂取量をはじめ他の体力要素も改善し、傷病手当金の延べ休業日数も、体力測定開始後3年目から減少傾向が認められました。

この体力測定には、測定にかかる費用や備品、および人件費、測定実施に伴う労働時間の損失などを考慮した結果、5年間で約1億6,000万円の費用を要しました。しかし、医療費の減少や欠勤日数の減少による費用対効果を分析した結果、費用よりも成果が上回る好結果を得ることができました。

健康づくりの効果は、短期間で得られるものではありません。企業としての取り組みは、組織的かつ計画的に、そして長期にわたって継続しなければならないのです。

(3) 健康づくりプログラムに関する費用面での効果の報告例

企業における健康づくりプログラムにかかる費用に関する便益分析についても、多くの報告がなされています。

『企業における健康づくり事業の経済的評価に関する調査研究（中間報告）』（健康づくり事業経済的評価研究委員会、2000年、中央労働災害防止協会）によると、運動、セミナー、禁煙、アルコール、栄養、ストレスなどの総合プログラムの効果として、病気欠勤・医療費の節約、生産性の上昇、生命保険の節約などが得られています。

また、高血圧、禁煙、運動、メンタルヘルスなどの単一プログラムの効果についても、心血管医療費の節約、病気欠勤・医療費の節約、生産性の上昇などが得られ、費用便益比は、初年度こそ0.76と低い報告もあるものの、経年的には1.0を超え、高いところでは5.52という数字が報告されています。

健康づくりプログラムの効果は、1年目より2年目のほうが明らかに大きく、継続することの重要性が示されていますが、そのプログラムの内容は、より洗練されたものになっていかなければならないことは、言うまでもありません。

(4) 健康づくりプログラムは計画的、組織的、継続的な実施が不可欠!

「ライフワークバランスが保たれ、心身の充実感があふれ、業務にしっかりと取り組むことができ、かつ業務遂行に充実感が得られている状態」をワークエンゲージメントといいます（Schaufeliらが提唱）。

従業員が、そのもてる力を遺憾なく発揮できるような職場環境を醸成することは、事業者、管理監督者の役割であり、その力の原動力となる健康を保持し、将来にわたって確保

し続けることが、企業の大きな推進力になることに異論はないでしょう。

　その健康の基盤を強固なものにするためにも、洗練された健康づくりプログラムを計画的に、組織的に、そして長期にわたって継続的に実施できるように、企業内コンセンサスを確立しておくことが重要です。

　計画的、組織的、継続的に行うという点においては、経営方針に盛り込み、長期における安全健康活動方針にも盛り込まなければなりません。経営トップの経営的判断が不可欠で、その判断がなければ、継続して実施することはできないということをつけ加えておきます。

10 目に見えない「人的資源」を資産化するという考え方

(1) リスク回避をするためには投資が不可欠

　これまでも述べてきましたが、健康経営の考え方というのは、従業員の健康に配慮して、組織の健康風土を醸成し、その結果、組織の収益性の向上を図っていくことです。
　企業においての管理義務の意義は、コンプライアンス（法令遵守と企業倫理の確立）、リスクマネジメント（安全配慮義務の履行によって民事訴訟などのリスク回避）、ＣＳＲ（企業の社会的責任を果たし、社会的価値を高め、その存続を維持）などがありますが、将来、問題が起こらないようにするためには、ハザードを特定して、リスクを回避するための具体的な手立てを講じることが必要です。そのためには投資が不可欠であり、また、その投資に対しては、十分な利益が生み出されるようにしなければならないのは当然です。

(2) 健康経営によって健康会計にも効果が得られる

　平成20年3月に、経済産業省の「健康資本増進グランドデザインに関する調査研究報告書」が発表され、その書き出しは次のようになっています。
　「少子高齢化の進展による人口減少が継続する中、経済成長を実現していくために『人的資本』の重要性が増している。『人的資本』の中身としては、知的資本に加え、モチベーション、対人能力、さらには健康資本も重要である。」
　さらにこの報告書では、健康資本の増進を促進し、経済成長戦略を実現していくために、次の4つの環境整備を提示しています。
　①頑張る企業の取り組みの公表を促すしくみづくり
　②積極的な健康関連投資を引き出すうえで不可欠な「効果」の可視化
　③集団単位での個人の行動変容を引き出すしくみづくり
　④医療・健康マーケットの健全育成

　そして、これらの環境整備を進めていくうえでの有効なしかけとして、健康資本増進活動の「費用」と「効果」を見えるようにする（可視化）ための「健康会計」について言及しています。
　「健康資本増進に努める企業の取り組みを、活動内容を認識して会計的に測定するためには、経営管理と健康管理を統合して、定量的に捉える仕組みづくりが必要である。具体

表7 ●ＣＳＲの視点による健康経営の意義

従業員に対する効果	企業経営にとっての効果	外部ステークホルダーへの対応
○従業員の健康増進 ○従業員の満足度向上 ○従業員個人の医療費負担適正化 ○職場環境の快適化 ○（企業業績向上による）所得増加	○企業の医療費負担適正化 ○事業リスクの軽減 ○労働生産性向上→企業業績の向上 ○企業価値・コーポレートブランドの向上 ○企業イメージの向上 　　↓ ○職場への優秀な人材の定着 ○優秀な人材の新規雇用→労働生産性の向上	〈政府にとって〉 ○医療費国庫負担適正化 ○税収増 〈地域社会にとって〉 ○税収増 ○地域住民医療費適正化 ○地域の労働力雇用 〈株主・投資家にとって〉 ○株価・配当面での効果 〈金融機関にとって〉 ○融資リスクの低下 〈取引先にとって〉 ○取引リスクの低下 〈顧客にとって〉 ○商品選択時の判断材料

（出典）経済産業省「健康資本推進グランドデザインに関する調査研究報告書　平成20年３月」を基に著者作成

的には、組織環境と健康との関連性に焦点を合わせて、企業の最終利益に対して、健康問題がどのように影響するかを、会計的に測定してみることが考えられる。

　ＣＳＲ会計の枠組みと、新しい会計の領域である無形資産会計の一つである『人的資源会計』の考え方を用いて、健康管理活動の状況と取り組み具合をコスト面から把握して、その合計額を、『従業員資産』とか『組織資産』という形で資本化することが検討できる。」と経済成長を実現していくための「健康会計」という考え方が提唱されています。「健康資本」という無形資産の新しい会計領域の下、ＣＳＲ会計の視点を踏まえて企業が健康経営に取り組むことで、従業員、企業、外部関係者（株主）への効果については**表7**にまとめました。健康経営の意義を効果として明らかに示すことができています。

（3）健康経営者が的確な経営視点をもつことで利益をもたらす

　従業員の健康に配慮して、組織や企業の健康に対する関心を高め、その効果を具体的な数値で求めていくためには、経営的視点が必要になります。
　経営的視点について商品の開発・販売を例にとると、次のようなプロセスを経ていきます。
　①多くの人に商品を購入してもらうために、いま何が求められているのか
　②どのような工夫をすれば多くの人に購入してもらえるのか

③商品が完成したとしてもどのように周知すればいいのか
　④対面でどのような営業活動を展開すればいいのか
このようなステップを一段一段克服していくことで、
　⑤大きな利益がもたらされる

　具体的には市場調査を実施し、関連商品を研究し、さらに開発研究を積み重ねて商品をつくり、いろいろな試験をして、その後、販売活動に至ります。この「ある商品について研究し、商品化するかどうか」の決定プロセスにおいて、経営者の的確な判断が問われることになります。
　多額の投資が必要となり、投資が回収できるかどうかは、経営者のそれまでの経験や、多くの役員や担当社員の意見を熟考し、あるいは経営者の勘に頼ることもあるかもしれませんが、それはその全責任は経営者をはじめとする経営陣が負わなければならないからです。大きなプロジェクトであれば、企業の将来を左右することにもなりかねません。この経営的視点が、従業員を資産として生かしていくときにも欠かせません。
　健康管理を経営的視点から考え、戦略的に実践することは、非常に重要なことです。その視点を踏まえ、従業員の健康管理・健康づくりの推進を図ることで、組織の生産性、従業員の創造牲の向上などは、確実に約束されるのです。
　経営者も管理監督者も従業員も大切な企業の資産。そしてその資産の健康価値を高めるのが、経営者の経営的判断であることが重要なポイントとなります。

11 「健康経営」を推進するために、それぞれの役割を果たす

（1）健康経営のためのそれぞれの立ち位置

　健康経営を推進するためには、経営者、管理職、従業員、産業保健スタッフの、それぞれの立ち位置（スタンドポジション）があります。それぞれについて整理します。

①経営者（事業者、事業主）

　企業において、経営者の言動が労働者の健康に及ぼす影響がきわめて大きいことは、だれもが認めているところです。経営管理と健康管理を統合的にとらえるという「ヘルシーカンパニー」の基本的な考え方がありますが、経営者は、さらに踏み込んで、従業員の健康と組織の健康を両面から総合的にとらえるというスタンスが健康経営に求められます。

　経営者は、みずからが健康に関心をもち、従業員の健康に配慮して、企業の社会的価値を高めることが求められていますが、健康づくりを事業ととらえて、経営の視点からその事業利益を求めるために取り組むことが重要だといえます。

②健康管理を担当する管理職

　昨今の業務に起因するメンタルヘルス不調や健康障害の増加については、裁判において、事業者の安全配慮義務履行違反や、不法行為責任に基づく賠償が請求されるようになってきています。

　直接指揮命令権をもつ管理監督者の不法行為責任も問われる例が出てきていることから、管理監督者に対する部下の健康管理に関する教育研修の必要性が出てきており、従業員の健康づくりについて、経営者の考えを受けて、事業性をもって実践することが求められるようになっているのです。

　例を挙げますと、肥満の有所見率が低い職場で肥満対策を講じたり、喫煙率が低い職場で喫煙ルームを設けたりすることなどは、事業として成立しないことは明らかです。優先すべき課題を抽出し、経営の視点で健康づくり事業を推進するのが、管理職のスタンスになります。

③従業員（労働者）

　従業員は、労働契約において健全な労務を提供することが求められており、実際には自己保健の義務を果たさなければなりません。

健康食品を購入する、フィットネスクラブに入会するなど、健康に対する投資をしても、実際には期待外れに終わってしまうかもしれません。しかし、自分自身の健康を維持することは、セカンドライフを健康に送るためにも必要な条件ですし、将来の健康は自分自身が享受するもので、みずから築き上げなければならないものです。私たちは、自分自身の健康経営者なのです。

④産業保健スタッフ（産業医など）

健康管理や健康づくりにおいて、経営者が戦略的な構想を描き、それを健康管理担当者が企画、立案、予算措置などに落とし込みますが、その後、ではどのような戦術をとったらよいのか、その役割を担うのが産業保健スタッフです。

職場の健康づくり風土を醸成するために助言を行ったり、具体的な健康づくり施策の支援をしたり、労働者に対する個別指導を実践したりします。

産業保健スタッフは、従業員に対する健康経営コンサルタントとしての大きな役割を求められています。したがって、産業保健スタッフはより専門的な知識とスキルを身につけるだけではなく、職務についての理解、職場環境についての把握もきちんとしておくことが大切です。

(2) それぞれの立場で、それぞれの役割を果たしてこそ真の「健康経営」

健康経営とは、経営者が従業員の健康に配慮することによって、経営面においても大きな成果が期待できることであり、その基盤に立って、健康管理を経営的視点から考え、戦略的に実践することです。

従業員の健康管理・健康づくりの推進は、単に医療費という経費の節減のみならず、組織としての生産性の向上、従業員の創造力の向上、企業イメージの向上などの効果が得られ、なおかつ企業におけるリスクマネジメントとしても重要になってきます。

健康経営を実践するためには、

①経営者がみずからの健康感を明らかにして、その考え方を経営方針に盛り込むこと。そして、その考え方を受けて、

②健康管理を担当する管理職は、コストパフォーマンスを考慮して、事業の一環としてその役割を果たすこと。

③従業員は、みずからの健康に責任をもち、健全な労働の提供に努めること。

④産業保健スタッフは、経営者の従業員に対する健康への配慮を具現化すること。

それぞれの役割を果たすことによって、従業員の健康が維持され、かつ組織の健康が保たれることになります。

それぞれの立ち位置を明確に理解したうえで、健康経営を遂行することができれば、経営者にとっても、従業員にとっても、実のある「健康経営」となるのです。

第2部
健康経営のすすめ

岡田　邦夫

特定非営利活動法人　健康経営研究会　理事長

1 企業は人なり
―人と企業の成長を促す健康投資―

(1) 経営者の英断―百年企業の創造

　企業が社会から認められつつ健全に成長していくためには、どのようなことが基盤として必要なのでしょうか、また何が求められるのでしょうか。もちろん企業利益がなければ、そもそもの企業の存在の基礎が成り立たないことは言うまでもないことです。また、「企業は人なり」と言われているように、企業は企業を支える人とともに成長し、また、人も企業とともに育っていくのです。

　WHO専門委員会は、「失業は、それ自体健康に対して悪い影響を与える。雇用されたことのない人々は、身体的・社会的健康に必要な自立性や帰属意識を労働を通して向上させる機会が全くない。そのような人々は、職場での健康情報を利用できず、労働と健康が相互によりよい方向に影響し合うことに関しても気がつかないであろう。さらに、彼らは自由時間が多いので、時に不安と抑うつが結びついて、就業者よりも酒、たばこ、薬物に溺れやすい。」(表8) と報告しています[1]。企業と社会はお互いに持ちつ持たれつの関係が

表8●労働者の健康増進

労働と健康の相互作用
労働は重要であり、また、自尊心 (self-esteem)および秩序観念 (sense of order) 形成の上で大きな心理的役割を演じると指摘されている。そして、それは生存に活力を与え、日・週・月・年の周期的パターンを形成する。 　　失業は、それ自体健康に対して悪い影響を与える。雇用されたことのない人々は、身体的・社会的健康に必要な自立性 (identity) や帰属意識 (sense of Belonging)を労働を通して向上させる機会が全くない。そのような人々は、職場での健康情報を利用できず、労働と健康が相互によりよい方向に影響し合うことに関しても気がつかないであろう。さらに、彼らは自由時間が多いので、時に不安と抑うつが結びついて、就業者よりも酒、たばこ、薬物に溺れやすい。

(出典) WHO Technical Repor Series 765: Health promotion for working promotion. 1988 高田勗監訳 中央労働災害防止協会

存在しているのです。企業は雇用によって働く人の健康を確保するという社会的貢献をしているのです。また、企業が存在するかぎり人の成長を支える器となり、成長した人が企業の基盤を築き上げる原動力となります。そのことに"はたと"気づいた経営者が、社会に認知される百年企業の確固たる基盤を構築するのだろうと思います。

　また、その企業は社会を支え、社会はその企業を育てることになり、地名となり、信頼に値するブランドとなります。利益が出なければ人に投資はできませんが、人が育たなければ企業は成り立たないのです。利益追求と先行投資、一見矛盾するこの対立的行為は、経営者が将来の企業の姿を見据えて判断しなければならないものです。マズローは、経営理論の2本の柱として、一つとして生産性、品質、利益向上を挙げ、次に人的成果、つまり、労働者の心理的健康や自己実現をめざしての成長、さらには労働者の安全・所属・愛情・自尊欲求の充足である[2]、と指摘しています（**表9**）。それらの充足によって、より高い組織の生産性と個々の従業員の創造性を培うことができるのです。

表9 ●競争優位に立つためのカギを握るのは人間である

> 　一般に経営理論は、二種類の成果に焦点を当てた理論であると言うことができる。一つは生産性、品質、利益向上といった意味での成果。もう一つは、人的成果、つまり、労働者の心理的健康や自己実現を目指しての成長、さらには労働者の安全・所属・愛情・自尊欲求の充足である。

（出典）Abraham H. Maslow, 1962（「完全なる経営」金井壽宏監訳）

　「ヘルシーカンパニー」は、まさしく人を大切にし、人の健康を大きな推進力とする企業です。企業の収益は、次世代の収益を確保するための投資として活用され、ＰＤＣＡサイクルのようにスパイラルにその成長を伸ばしていくのです。しかし、そこにはいろいろな落とし穴があり、注意しなければならないことがたくさんあります。社会の動き、新しい発見や発明、専門家の意見、これらをうまく活用してこそ、落とし穴に落ちることなく着実に前進することが可能となります。企業の発展のために何に投資すればよいのか、経営者の視点と従業員の視点、そしてこれからの人の健康を考えるならば、健康づくりの専門家の意見を勘案して戦略的構想を経営者は抱いて健康投資しなければなりません。外部収益だけに焦点を当てていては、足もとからその収益が漏れ出ていくかもしれないのです。大きな事故が発生し巨額の修理費が必要となることもあり、また従業員の健康問題で多額の損害賠償請求がなされる可能性は否定できません。十分な対応がなされていなければ、企業の存続にかかる問題が招来されることになる可能性が大きいといえます。いったん留保した収益は、新たな収益の原資として、また、企業リスクを回避するため等に投資しなければならないのです。

　企業投資で最も大きな利息は、企業を支えている人への投資で得られるのではないで

しょうか。リスクはありますが、経営者がヘッジ取引をすればリスクの回避や低減は可能となるものです。ハードウエアだけでは、企業は生き残れない時代でもあります。人がいなくなれば企業は廃墟となり果てるかもしれません。ただ、周りの流れに流されていても生き残れないのです。社会的存在である企業は、時代の流れとともに生き続けなければならず、そのためには法律を守り、将来のリスクを回避し、人と自然を大切にすることで、社会からその存在価値を授与されることになります。自然、環境を大切にすると公言する企業は、人も大切にする企業であるはずです。その企業にこそ健康経営が基盤として築かれていなければならないのです。

(2) ヘルシーカンパニーと健康経営

　ローゼン[3]が唱えた「ヘルシーカンパニー」（**表10**）とは、その考え方において、大きく以下の2点において私たちが考える「健康経営」と異なるものです。その理由として、まず第1は、わが国においては「労働安全衛生法」に定められた事業者の労働者に対する健康管理義務があることが挙げられます。ここに、ヘルシーカンパニーには触れられていない産業保健スタッフが、事業者の安全配慮義務履行の支援者としての位置づけを考慮しなければならないのです。

表10●ヘルシーカンパニーの概念

従来分断されてきた経営管理と健康管理を統合的にとらえようとするアプローチ
4つの重要な要素 1．従業員自身の健康に対する従業員のライフスタイルの影響 2．従業員の健康に対する労働環境の影響 3．組織の収益性に対する従業員の健康度の影響 4．従業員の健康と組織の利益に対する家族、同僚、余暇など、より大きな環境の影響

（出典）The Healthy Company:A Human Resource Approach by Robert H.Rosen　宗像恒次監訳　産能大学出版部

　法は、労働者に対する健康診断の実施、健康診断結果の記録、一般健康診断の結果の通知を罰則付きで規定しているとともに、就業上の措置、保健指導など産業保健スタッフの事業者への支援についても規定しています（**表11**）。そもそも労働安全衛生法に定める健康診断の目的は、現在の作業に就業してもよいのか（就業の可否）、ならびに現状の職務を継続して就業してもよいのか（適正配置）などを判断するものです。しかし、平成8年の労働安全衛生法改正によって、健康診断項目の追加などから結果通知や保健指導などが

表11●労働安全衛生法第66条

第66条（第1項から3項）*	健康診断の実施
第66条（第4項*から5項）	健康診断
第66条の2	自発的健康診断の結果の提出
第66条の3*	健康診断の結果の記録
第66条の4	健康診断の結果についての医師等からの意見聴取
第66条の5	健康診断実施後の措置
第66条の6*	健康診断の結果の通知
第66条の7	保健指導等
第66条の8	面接指導等
第66条の9	面接指導等
第66条の10	心理的な負担の程度を把握するための検査等

第120条罰則	50万円以下の罰金*
第122条罰則	第120条違反行為は、行為者及びその法人又は人に対しても罰金刑を科する。

加えられ、みずからの健康の保持増進についても労働者にも求められるようになりました。

また一方では、法定健康診断項目が追加され多数あるということは、それだけ事業者の健康管理義務が厳しく問われる、ということにほかなりません。労働安全衛生法第68条は、病者の就業を禁止する規程であり、この規定に違反した場合には、懲役6か月または50万円以下の罰金が定められています。就業上の措置や就業禁止については産業医に意見を聴取することになっていることから、企業は産業医等をその規模において常時雇用しなければならないと定められています。営業利益に関与しない人材を雇用しなければならないということは、企業にとっては大きな経営上の問題でもありますが、わが国の法律は事業者に対して罰則付きでその遵守を求めているのです。また、法第69条においては、積極的な健康づくりを事業者の努力義務として規定しています。従業員の健康づくりという将来に対する投資を企業に課している点においては、ヘルシーカンパニーではなく、従業員との双方向のヘルスコミュニケーションが求められているのである、と考えられます。

第2の理由として、健康保険組合の存在があります。事業主は、健康保険組合に財政基盤を支えるための出資をしている、という点です。「健康保険法」に定める保健事業の成果いかんによっては保険料率が上昇し、給与を増やしても、労働者の受け取る給与が実質減少する、ということになります。つまり、ここでも企業ならびに健康保険組合の産業保健スタッフの活動が大きな影響力をもっているということとともに、私傷病であっても過重労働によって発症した疾病は作業関連疾患として、業務上疾病として認定される可能性

がきわめて高い、という現実的な問題が存在しています。そのため、職業病でない生活習慣病に対する取り組みが企業の経営の視点からもきわめて重要である、ということになります。

　このような観点から、ヘルシーカンパニーに記載されている対策のみでは、わが国では対応できない可能性があり、新たに、経営の視点から従業員の健康問題をとらえ、企業の経営管理と従業員の健康管理を両立させるべく、コンプライアンス、リスクマネジメント、ヘルスマネジメント、ＣＳＲなどの、より多角的な視点をもって現代企業が抱える健康問題を解決していく、という視座をもたなければならないのです。さらに、健康経営は、経営者の視点のみならず、従業員からの視点も考慮した双方向性の健康管理を提唱しているものであり、この点も重要な視点であると考えています。健康経営は、経営者と労働者がともに力を合わせてgood company, excellent company, healthy companyを築き上げなければならないのです。それは、企業の発展と従業員、経営者の健康の両立をめざしているからなのです。この点については多くの経営に関する専門家が意見を述べているところです（**表12**）。

表12●百年企業の礎

企業がその生命を維持するためには何が必要なのか？

Maslow	一つは生産性、品質、利益向上といった意味での成果。もう一つは、人的成果
Drucker	組織は、人々を惹きつけ、引き止めなければならない
Peters	従業員を大人として扱うこと、同じ仕事に携わるパートナーとして敬意をもって接すること
Rosen	従来分断されてきた経営管理と健康管理を統合的にとらえる

未来の企業への投資（→人への投資、健康投資）

Hardwareも大切だが、Softwareはもっと大切、そして人がその中心である

　健康経営には、健康投資という基盤が求められます。投資先は、見ることができない「間」なのです。人と人の「間」に投資すること、つまり、コミュニケーション能力の育成を図ること、がまず挙げられます。特に管理監督者の部下の健康管理全般についての教育はきわめて重要です。「いつもと違う部下」にいち早く気づくのは直属の上司、管理監督者であるからにほかなりません。

　次に、時と時の「間」に投資すること、つまり、労働時間とプライベート時間をきちんと分けること（ワーク・ライフ・バランス）です。事業者は、従業員の労働時間を買いす

ぎると大きな責任を負うことになります。従業員の業務に起因する健康障害は、事業者責任として労働災害として認定され、また民事賠償の対象となる可能性がきわめて高いといえます。また、残業代を未払いにすれば、また法的な責任（刑事的責任）を果たさなければならないことになります。一方、労働者も自分の時間を労働時間として売りすぎると、その代償としてみずから健康障害を被ることになります。定年退職後も豊かなセカンドライフを送るには、しっかりとした健康の基盤が必要であることは言うまでもありません。退職後は従業員から顧客になる、という視点を事業者はしっかりと意識しなければならないのです。ＣＳ（Customer Satisfaction）の基礎となるのはＥＳ（Employee Satisfaction）でもあるのです。

　３つ目の「間」は、空間です。快適な職場環境は、働く人の生産性を向上させます。また、働く人たちのコミュニケーション空間はソーシャル・キャピタルに寄与することになります。人と人をつなぐ場、「間」が必要なのです。未来の企業を創造するためには、情報交換できる間の連結が必要となるのです。これらの「間」は結果として企業と働く人に大きな利益をもたらすことになることが期待できます。企業規模とは関係なく、先を見通す経営者は、さらに第４の「間」を企業に創造するかもしれません。経営者の鋭い感性が新たな「間」を創造して大きな投資をすることに期待したいものです。

　経営者が健康経営を推進するために投資することについては、利益投資、時間投資、空間投資があり、必ずしも金銭的な利益投資のみばかりではありません。まずは、できることから始めるのが健康経営です。経営者の大切な時間を、一度、経営と健康の両面から検討してみてはどうでしょうか。

○「時間投資」とは、まずは、経営者が現場を見て回り、従業員とコミュニケーションを図り、現場の問題点や課題を把握すること、そして、従業員が労働時間内に健康教育を受けることや、社外での研修を受講すること、など。
○「空間投資」とは、職場の空間の有効利用（喫煙室を談話室に）、社員食堂で健康食を提供して健康づくりの空間とすること、など。
○「利益投資」とは、企業利益を投資して、職場環境や従業員の処遇の改善などを図ること、など。

1）「労働者の健康増進」高田勗監訳．WHO専門委員会報告シリーズ　No.765．中央労働災害防止協会．1990．
2）マズロー, A. H.「完全なる経営」金井壽宏監訳, 大川修二訳．日本経済新聞社．2001．
3）片山又一郎著「ドラッカーに学ぶマネジメント入門」ダイヤモンド社．2004．
4）ピータース. T, ウォーターマン. R「エクセレントカンパニー」大前研一訳．栄治出版．2003．
5）ロバート. H. ローゼン．「ヘルシーカンパニー」宗像恒次監訳．産能大学出版部．1994．

2 健康経営とは ―共進をめざす―

(1) 企業の成長と従業員の健康の両立

　健康経営とは、一言で表現するならば「企業と従業員の両立」、すなわち「企業の成長と従業員の健康」がお互いに好ましい力を及ぼし合うことによって両立することです。そのためには、経営者が従業員とコミュニケーションを密に図り、従業員の健康に配慮した経営を戦略的＊に創造しなければなりません。つまり、組織の健康（組織を構成するすべての人が対象となります。したがって経営者も含まれることになります）を基盤とした健全な経営を維持していくことを意味しています。
　＊ここでいう戦略的とは、以下のような大局的な視野をもつことを意味しています。
　①ただ単に健康管理費用を節減して、経営管理していくことではないこと。
　②戦略的であって、戦術にとらわれないこと。
　③個人と組織の両者の健康を追い求めること。

　そこで私たち特定非営利活動法人健康経営研究会においては「健康経営」を以下のように考えています。
　「健康経営とは、企業が従業員の健康に配慮することによって、経営面においても大きな成果が期待できる、との基盤に立って、健康管理を経営的視点から考え、戦略的に実践することを意味している。
　従業員の健康管理・健康づくりの推進は、単に医療費という経費の節減のみならず、生産性の向上、従業員の創造性の向上、企業イメージの向上等の効果が得られ、かつ、企業におけるリスクマネジメントとしても重要である。
　従業員の健康管理者は経営者であり、その指導力の下、健康管理を組織戦略に則って展開することがこれからの企業経営にとってますます重要になっていくものと考えられる。」
　戦略的とは、全体を俯瞰する立場から判断することにあります。ある一つのことをやりくりするのであればそれは一つの戦術でしかありません。ある戦術がうまくいっても全体的なバランスがとれていなければ大きな成果を得ることはできません。将来のゴールを常に見据えて現状の課題を一つひとつ解決していくことが重要といえます。経営者は、将来の企業の姿を描いて、現在の企業の進む方向を定める役割を担っているといえます。

（2）企業の成り立ちと存在

　企業が目的とするところは、利益を創出し、もって社会的な役割を果たすことで社会的存在を確立することにあります。その存在のために必要な基盤の一つに、働く人の健康があります。働く人の健康問題は、労働災害認定や民事訴訟にもなり、社会的な問題となっています。そのような現代社会の中で、経営者が健康経営を実践する、つまり、働く人、管理監督者の健康、そして企業の健康（組織風土等）にも配慮することで、企業利益を創出することになります。健康づくりは、利益を生み出す事業であり、事業のプロフェッショナルである経営者が健康保険組合等と積極的に協働してこの事業に取り組み、企業リスクを排除し、快適な企業環境を築き、そして、働く人の限りない創造性と生産性を創出し、現在のみならず未来の企業の基盤を構築していくことがこれからの時代に求められているといえます。

　経営者は、企業の健康づくり風土を醸成することで企業の社会的価値を高め、健康管理を担当する管理職は、コンプライアンス、リスクマネジメント、ＣＳＲ（企業の社会的責任）の視点を踏まえ、かつコストパフォーマンスを考えた健康づくり事業を展開することが必要となっています。また、働く人は、将来を見据えたみずからの健康に投資することで、豊かなセカンドライフをもつことができます。一方、企業が生み出す従業員の健康と豊かなセカンドライフは社会への大きな貢献となります。

　健康経営のめざすところは、将来に向けて、企業の価値と、経営者、管理監督者、働く人の健康価値を高めることにあります。それは、一人ひとりの健康が向上することで組織の健康が向上するのと同じように、組織の健康を向上させることで一人ひとりの健康が向上することにもなります。健康経営は、健康というキーワードを基に、人、家族、地域とともに成長する企業の創出をめざすものであり、そこには、企業の存在、すなわち利益を生み出す経営がなければならない、という基本的な考えがあります。

　国内外にはたくさんの企業があります。しかし、すべての国のすべての企業が同じ経営方針では成り立たないことも事実です。それぞれの国内の事情や、国民性、さらには地域性、そして業種、規模などを考慮した経営方針がなければなりません。確固たる基盤は、企業そのものが存在、つまり生存が必要であり、百年企業がなければ、人の成長もまた望めないといえます。企業が果たす社会的責任はきわめて大きく、健全経営といわれる中には、働く人の健康も当然含まれている、と解するのが自然です。共倒れか、共進か。企業のゴールはおのずと決まっているのです。ただし、そのゴールはとどまることなく、私たちとともにいつも前へ前へと進んでいることを念頭に置いておくことも大切です。

3

現代社会 ―経済動向と働く人の健康―

(1) 生活習慣病から生活環境病へ

　生活習慣病は、個人のいわゆる悪しき健康習慣の積み重ねによって発症するとされる疾病の概念です。自分の行動によって自分自身の健康が左右される、ということであれば、確かにあなた自身の生活が原因・誘因となる病であるといえます。

　さて近代における技術革新は、私たちの生活環境を激変させ、その結果として豊かな生活を享受できるようになりました。いつでも、どこでも、好きなだけ、おいしい食べ物を食べることができ、ちょっとした距離でもさまざまな交通手段が利用できるようになりました。これがあたりまえとなれば、過食、運動不足は健康障害の要因としてとらえられず、ごく普通の日常的な習慣となるかもしれません。その結果、生活習慣病なるものをわれわれは授かることになるのでしょう。

　同じように、働く人の環境も大きく変わり、すなわちIT化がなせる業として、業務内容はより細分化され専門的に、より短時間に多くの仕事を、より全身を動かすことなく精神的緊張を高め、そしてより高い完全性が求められるようになってきました。のんびりとはしていられないのです。そこには、時間の経過に伴う私たちの精神的エネルギーの絶え間ない流れが渦巻いているといえます。ゆっくりとした人の時の流れと激しい社会の時の流れ、現代社会には異なった時計が同時に動いていることになり、人と社会の時計は同じではなくなってきたようです。

(2) 社会の動きと健康問題

　景気の動向は、働く人の健康に影響を及ぼすのでしょうか。現代社会には、生活環境病とともに社会環境病がはびこり出しています。EU諸国では、2007年まで自殺率は減少していましたが、2008年を契機に上昇に転じたと報告されています。一方、交通事故死が減少し、おそらくは自家用車が減少したからであろうと論文を作成した研究者は示唆しています（Stuckler D. et al. 2011）。また、同じ研究者は過去に失業率が3％以上上昇すると、65歳以下の年齢の自殺率が上昇する可能性を示唆しています（2009）。さらに、最近の論文においては、経済不況を経験した45～49歳の男性、25～44歳の女性は、50歳以降の認知機能が低下すると研究報告されています（Leist A.K. et al. 2014）。

　社会の動きが、特に経済動向がまさしく人の健康を大きく左右する時代となっています。

周囲がどのように変化してもわれ関せず、とはいかなくなった現代社会の姿が描き出されるようになりました。社会環境の変化が、私たちの心身の健康に大きな影響を及ぼす強大な力をもつようになってきたのです。社会の動向に対して一人ひとりの力はあまりにも小さいといえます。この巨大な流れを変えることはきわめて難しく、時代の流れに流されなければならないのかもしれない、とあきらめなければならないのでしょうか。

(3) 企業の動きと働く人の健康

失業が健康問題に大きな影響を及ぼすことはすでに周知されていますが、職場で不安と感じることが、長期病欠の危険因子であることもまた、明らかとなっています（Knudsen AK, et al. 2012）。職場でのストレスが心疾患リスクを増加させることも、すでに海外の論文で示されています（Kivimäki M, et al. 2012）。快適な職場の醸成は、長期病欠を防ぎ、職場ストレスの軽減が働く人の心疾患の予防につながるとなれば、アブセンティズムを減少させ、生産性を向上させる職場環境を築くことが重要となります。働く人たちは、おそらくみずからの健康を基盤とし、働きがいをもって快適な職場で業務を遂行しているものと考えられます。もしそうだとすると、国際情勢や経済動向を変えることができなくとも、職場内の環境をより健康的に維持することは可能ではないか、とだれしもが考えることでしょう。その重要な役割を担うのが、経営者なのです。

アメリカが国民の健康づくりとして進めた「ヘルシーピープル2000」の課題として、安全運転やシートベルトの着用を掲げました。交通事故が減ることで、医療費の削減とともに従業員の休業率の減少も期待できるからでしょう。シートベルトの着用、安全速度で運転、会社を出る業務用車両に経営者みずから取り組めば、その思いは伝わるはずです。そうだとすれば、健康については、どのような対策を講じればよいのでしょうか。若い年代のメンタルヘルス問題、中高年齢者の生活習慣病問題、これらを労働環境病として位置づければ、その解決方法は、特に発症予防については、もはや医療の問題ではなくなっているといえます。疾病治療は医療専門職が対応すべきものですが、健康づくりは環境づくりを担う職場の管理監督者がその役割を果たし、そしてそのカギを握るのが経営者といえるのです。

経営者には、常に社会の動向に目を向けながらも、職場の現状を把握して、どのようにしていくべきかを考えなければならない社会的要請があるといえます。

4
労働時間と余暇時間の虚実

（1）医療費分析から労働時間へ

　過去に健康管理情報を活用し、個人情報に配慮して自覚症状と医療費の分析を行ったことがあります。その結果、自覚症状を多く訴えている健康診断受診者は、みずからの生活習慣に問題があり、医療費も高くなっていました。特に、休日の過ごし方と自覚症状の関係が明らかになり、また、休日をより活動的に過ごしている受診者の医療費は、非活動的な受診者に比べて低い値を示しました。つまり、活動的な休日を過ごしている従業員は概して健康的な生活を送っており、年間の医療費も少なかった、という結果を得たのです（岡田、1996）。

　このことは、休日の過ごし方が、健康状況（職場においてはプレゼンティズム）や医療費と関係があることを示唆するものといえます。しかし、休日労働や休日前の深夜に及ぶ時間外労働がなければ、おそらくは活動的な休日を送ることができることになるはずです。つまり、上司が部下の仕事と部下の健康の両者を常に頭に入れておくこと、そして仕事のありようが、その後の部下の健康に大きな影響を及ぼすことになるものと考えられます。運動する時間、熟睡できる時間、ゆとりをもって読書する時間、家族と楽しく過ごす時間等を奪うのは、長時間残業、休日労働です。とすると、長時間労働や休日労働を命じて休日を奪っている上司は、健康的な休日活動を阻止している張本人になっているのかもしれません。本来、指揮命令権の及ばない自由な時間にまで、実は上司の指揮命令権が及んでいるとすると、部下の健康管理責任についてきちんと考えなければならないといえそうです。

（2）休日の活動と2型糖尿病の発症リスク

　すでにわれわれのグループは、2000年に余暇活動と2型糖尿病発症リスクの関係について詳細な研究報告をしました。平日は運動もできないが、休日に積極的な運動を実践することで、新たな2型糖尿病の発症のリスクが減少するものです（図1）。現代社会においては、労働態様や雇用契約などが働く人の健康に大きな影響を及ぼすようになっています。よりよいワーク・ライフ・スタイルの構築とは、すなわち、就業時間以外は、本来自分を自由にするプライベート時間です。何者にも束縛されず、ただ職場からの糸が切れた凧のように大空でゆったりと過ごす時間であるはずです。その糸は残念なことに、自分では切ることができないのです（定年までは）。従業員がときどきみずからその糸を切ることが

図1●2型糖尿病発症と休日活動との関係

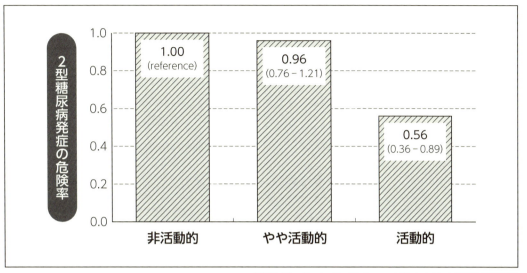

(出典) The Osaka Health Survey：Diabet. Med.17,53-58,2000

できるのは、優秀な上司や経営者が存在する企業のみ、かもしれません。しかし、その糸を従業員みずから切ることができるような職場環境が醸成されれば、そこには生産性と創造力が生み出されることになるのかもしれません。自立と自律を併せ持つ従業員が増えれば、その企業の将来も期待できそうです。

　健康的な生活習慣が、医療費を減少させることはすでに多くの報告があります。しかし、それは個人レベルにすぎないのです。個人の健康的な習慣の持続が健康度を上昇させ医療費を低減させることになるのですが、もう少し大きな視点、つまり職場の労働環境がよくなると医療費はどうなるのでしょうか。間違いなく減少するであろう、という意見に異議を唱える人は少ないのではないでしょうか。

　平成25年度「脳心臓疾患と精神障害の労災補償状況」(厚生労働省)からは、前者は長時間労働が、後者は上司とのトラブルなどの人間関係がその要因となっています。長時間労働や上司とのコミュニケーション不足が、脳心臓疾患を引き起こし、精神障害の発症要因となっているのです。まさしく、企業の生活習慣、すなわち労働環境を改善することで、これらの多くは予防できる可能性があります。できれば、社会環境の改善によって企業環境の改善、経営者の健康経営への取り組みなどが推進されれば、労働環境病、生活環境病は減少することになり、連鎖反応として生活習慣病も減少することが予測されます。

　健康障害の源がどこにあるのか、企業で働く人の健康障害の源がどこにあるのか、もはや個人では対応できないことが増えてきています。一人ひとりの健康問題は、医療職が戦術で対応できますが、何十人、何百人、何千人、何万人となってくると、経営者、政治家の出番となります。経営方針、国家施策等が多くの人の健康の将来の方向性を定めることになるのです。

(3)健康経営の第Ⅲ軸

　従来、健康管理は、体と心の健康づくりの視点からその対策を考えることでした（第Ⅰ軸）（図2）。しかし、その限界がすでに訪れています。働く人の健康は、ストレスによっておびやかされるようになったのです。その結果は心身症であり、メンタルヘルス不調の発症（第Ⅱ軸）（図3）となって現実化しています。職場で感じる不安や心配は、その後の心身の異常に基づく休職を増やすことになります。そして大きな労働損失につながるのです。職場のストレスは、一部は、職場環境と上司との人間関係の軋轢から発するものです。す

図2●健康経営の考え方　第Ⅰ軸

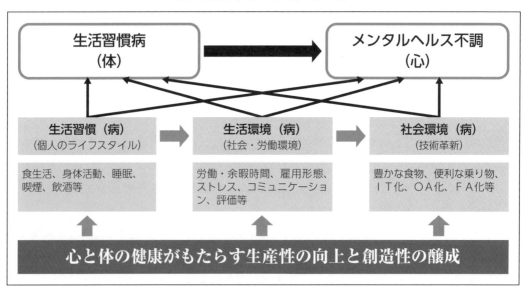

図3●健康経営の考え方　第Ⅱ軸

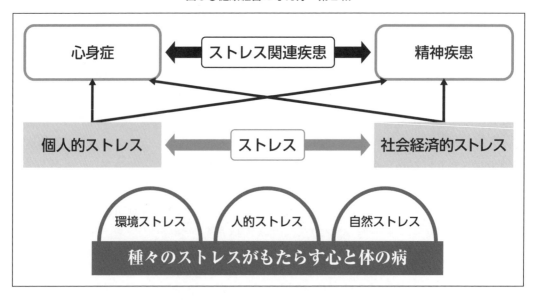

なわち、働く人の健康は、職場環境と職場内コミュニケーションに負うところが大きくなってきているのです。この視点から、環境づくりとコミュニケーションが経営利益と健康を両立させ健康経営の第Ⅲ軸（図4）となるのです。心と体の健康づくりに医療（健康管理）だけではなく、環境やコミュニケーション（健康経営）が必要となったのです（図5）。

　その昔、わが国の中小規模事業場は、経営者とそこで働く人は一心同体の関係であったように思います。衣食住も一緒である場合もありえたのです。同じ環境で働き、そしておそらくは、すべてではありませんが阿吽の呼吸（非言語コミュニケーション）が成立していたのかもしれません。経営者と従業員が同じ目線で職場の環境を見て、そして昼食を一

図4●健康経営の考え方　第Ⅲ軸

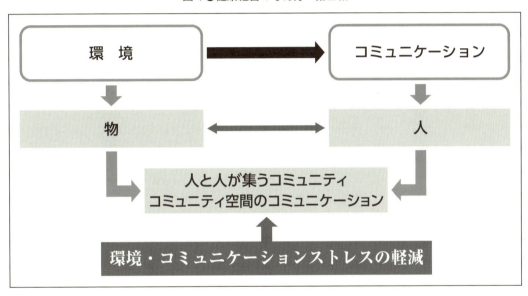

図5●健康を経営する ⇒ 健康を創り出す

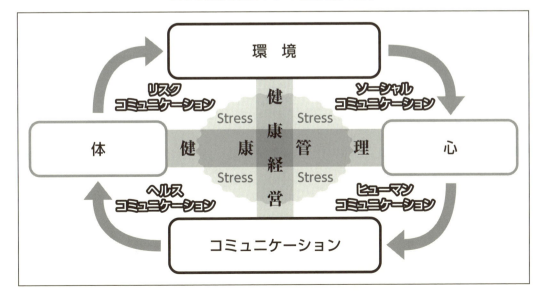

緒にとりながら家族の話をすることで、いまでは考えられないコミュニケーションが構築されていたのではないでしょうか。

　グローバリゼーションとＩＴ化、ＯＡ化は、いままで築いてきたコミュニケーションを奪ったのかもしれません。すばらしいハード面での職場環境の改善は、人の生きがい、働きがいのある職場環境をむしろ悪化させたのかもしれません。

　職場の健康は、経営者と従業員、そして管理監督者が共通の意識をもってつくり上げるものであり、経営者の健康投資の下に、管理監督者は部下の意見をくみ取り、心身両面において快適な職場をつくり上げることで生産性と未来に向けた創造力が生み出されるものです。人は、人から受ける心のエネルギーで心が動き（感動、働きがいと生きがいの享受）、そして体が動く（生産性、創造性）のです。企業は人からなり、その頂点に経営者がいます。縦軸、横軸、斜め軸、そしてもしかしたらそのほかにも私たちが気づかない軸があり、企業を強靭に支えているのかもしれません。経営者が経営戦略としてこれら多くの軸を絡ませて、企業の生産性と従業員の健康を両立させることになるのです。

5
健康管理の限界
―ハードからソフトへのパラダイムシフト―

(1) 健康管理と疾病管理

　働く人の「健康管理」には大きくは2つの側面があります。一つは、事業者の従業員に対する「健康管理」義務であり、もう一つは、従業員がみずから実践しなければならない自己「健康管理」義務です。しかし、疾病に陥ってしまえば、健康管理は疾病管理と豹変し、事業者や従業員みずからの判断のみでは動けなくなってしまいます。職場においては、従来の健康管理として従業員の健康診断や事後措置としての保健指導、就業上の措置等がありますが、これだけでは、もはや生活習慣病を予防することはできなくなっています。極論を言えば、病気を発見した時点で、次のステップは保健指導、受診勧奨、就業上の措置、休職の勧奨などであり、労働生産性の観点から見れば、すべてネガティブな対応であるといえます。つまり、疾病管理では将来に向けての健康づくりを始める時期を逸しているといえます。

　健康の保持増進対策であるTHP（トータル・ヘルス・プロモーション）は、多くの企業には浸透しませんでした。多くの企業は長期戦となる健康・体力づくりには関心がなかったのでしょうか。コスト－パフォーマンスやコスト－ベネフィットが明らかでなかったからでしょうか。しかし、現在の高齢社会では、定年を70歳にしようとしている企業もあるという報道も見られます。そうすると、健康づくりと体力づくりはこれからの企業活動を支える従業員の根幹をなすことになり、これらをなくして職場の生産性と創造性は創出しえないことになります。健康管理の限界がはっきりと見えてきたのではないでしょうか。いままでに投資してきた健康管理施策はむだではありませんが、時代とともにその投資の方向性を変えなければならなくなっているのではないでしょうか。

(2) 健康経営と健康投資

　職場の守備範囲は、働く人の健康を維持し、そしてその健康をさらに増進することです。その目的を追い続けることで、生活習慣病を予防し、労働生活を送るうえで必要な生活体力が維持できるように思えます。

　毎日、わくわくとした気持ちをもって職場へ行きたくなる、そういった衝動に駆られる人はわが国にどれくらいいるのでしょうか。朝起きたら会社に行きたくない、いや起きることができない、という人が増え続けているのが現状のようでもあります。企業の生産性

はますます凋落していくのでしょうか。いや、ロボットが防止してくれるのでしょうか。これからの健康投資は、「間」が重要であることはすでに述べました。「時」、すなわち、働く時間と自分自身の時間（ワーク・ライフ・バランス）、次に「空」、すなわち人が集うスペース（ソーシャル・キャピタル）、そして、「人」の「間」です。すなわちコミュニケーションがこれらと相まって、人の「心」を動かし、「体」が動くようになります。コミュニケーションは一方通行ではなく、双方向であることが原則です。とすると、時間、空間も自由自在に変容することが大切であるといえます。職場のレイアウト、人と人との関係性とコミュニケーションがますます大切になります。

　職場のレイアウトが変わり、カーペット、壁紙も明るい色調になった、机やいすが変わり、腰痛や肩こりがなくなった、ほこりっぽい、また低湿度であった部屋がくしゃみも鼻水も出ず、お化粧ののりもよくなり快適な職場環境になった、などが労働生産性を増加させ、コミュニケーションも円滑にし、その結果、残業時間が少なくなるかもしれません。また、家族と一緒にいる時間や友人と一緒に過ごす時間が増える可能性もあります。第三の社会（奥野、2000）を家庭や会社以外に自分自身で見つけ出し、自由な人間関係が構築される社会をもつことで、いままで以上に職場での生きがいや働きがいを見いだすことにつながる可能性もあります。

　さて、そうするとこの「間」に投資しようと考える人はだれなのでしょうか。また、投資しなければならない、と考える人はだれになるのでしょうか。企業「体」の健康を維持するためには、その「体」を健全な状態に維持しようと考える人はだれであるべきでしょうか。「人」に投資し、「間」に投資すれば、快適な環境の中で「人間」が存在することになります。働きたい職場では、おそらくいままで以上のパワーが出てくる人を創造するでしょう。自分を理解してくれる人がいれば、自分を思いやってくれる人がいれば、その人のために働こうと思うかもしれません。疲労感も軽減するかもしれません。すべて「かもしれない」の仮定ではありますが。その仮定を現実にする力をもっている人こそが、経営者なのであろうと思います。生殺与奪ではありませんが、経営は人の健康を左右するものだと、つくづく感じざるをえません。

　従業員、部下が自分の家族であったとしたら、現代社会のような過労死や過労自殺が発生するのでしょうか。産業医も相談に来られた従業員が仮に自分の親であれば、また子どもであればどのような就業上の措置を講じるのでしょうか。経営者も同じ立場であればどのような判断をするのでしょうか。

　また投資家はどのような企業に投資するのでしょうか。わが国の将来を見据えての投資を考えているのでしょうか。

6

経営者の健康習慣と健康づくりプラン

(1) 経営者自身の健康づくりの効果

　かつて、小規模事業場における健康保持増進対策の研究の一員になったことがあります。報告書は、「経営者自身の健康が事業場の健康づくり施策などにどのような影響を及ぼすのであろうか」という疑問に答えるものでもありました。平成9年の報告書（中央労働災害防止協会）に記載されているもので、かなり昔の研究です。しかし、経営者が「禁煙している」「定期的な健康診断を受診している」「定期的な運動習慣をもっている」「健康を考えて食生活を送っている」「持病がない」などの因子を分析した結果、このような健康習慣を有している経営者は、職場の健康づくりにも積極的である、という結果が得られました。自分自身の健康に関心をもっている経営者は、職場において先進的な健康づくりに取り組んでいた、というものでした。

　以前、わが国において、大企業の経営トップがゴルフなどのスポーツ中に急死、など多くの報道がなされた時期がありました。企業は突然のことにその事後対応において、大きな混乱をきたしたことは想像に難くありません。企業トップの健康上の問題によって組織全体が経営の危機に直面する場合もありえます。一方、もし経営者が、従業員が急死するようなことがあれば、まずその家族のことをも思いやるのではないでしょうか。もちろん企業の命運をかけたプロジェクトのリーダーが倒れるようなことがあれば、そのプロジェクトがとん挫することになり、企業の行く末に暗雲が立ち込めることにもなります。しかし、経営者みずからが健康に留意し、その結果、従業員の健康管理にも多大な関心をもって、先進的な健康づくりを継続的に実施しているのであれば、まさしく企業の危機管理と従業員の健康管理が両立することになります。組織、従業員のためにも経営トップは元気であることが求められるゆえんです。

　組織の健康づくりは、基本的にはボトムアップではなく、トップダウンが効果的であることは言うまでもありません。そこには経営トップの考え方が色濃く出ることになります。そのために経営者が経営戦略を策定することになるのです。つまり、先進的か、もしくは後手に回る対策なのか。元気な経営トップが、一人ひとりの従業員の健康を思いやる心があれば、その企業は健康経営を営んでいることになります。

(2) 企業の健康づくりは従業員へのインセンティブ

　組織の健康は、従業員の健康の基盤の上に成り立つものですが、一方では、従業員の健康によって組織の健康基盤も盤石となります。企業の組織は、毎日楽しく過ごす仲間が集まっている集団ではありません。また、なんらコミュニケーションが発せられない烏合の衆でもありません。定められた目的を達成するための専門家集団であり、かつ全員のモチベーションが高くなければ集団の目的は達成することはできません。そのためには経営者の強い推進力に支えられた健康経営が必要となります。

　従業員への健康投資は報われるかどうか、については、すでに「『会社が社員の健康に気遣っている』と確信させることが、最も強力なインセンティブである。」(Paul Hemp, 2006)と述べられているところからも明らかです。つまり従業員の健康をしっかりと築き上げれば、生産性が高まり、競争優位へ発展する可能性が高まる、ということになります。長期的な展望を欠いた目先の利益追求のみに追われているようであれば、時代の流れに押しつぶされてしまうことになります。有線固定電話から、ほとんどの人が携帯電話を持つようになった現代社会、過去の1時間と現在の1時間の感覚が大きく変わってしまったことは容易に推量できます。しかし、健康づくりに要する時間（睡眠時間、運動する時間、ボーっとする時間、等）に変わりはありません。同じ時間であっても、この乖離に気づかなければ、健康はもろくも崩れることになります。現代社会におけるIT技術の飛躍的な進歩が、この乖離をもたらしたのです。「Time is Money」と言われ久しいですが、しかし「To care Health is to need Time」であると考えると、両者を合わせて「Health is Money」と結論づけられることになります。つまり、働く人の健康は、企業利益となるのです。働く人の健康損失によって企業損失にしてはならないのです。

　従業員の疾病による損失を補うために企業利益を費やすのか、従業員の健康づくりに企業利益を先行投資して、従業員の健康と企業経営を両立させるのか。経営者、管理監督者、そして従業員の健康はきわめて大切な「かけがいのない資産」であり、それは夢のある投資価値のある資産でもあるのです。

7 健康経営 ―人づくりのための組織づくり―

(1) 人を支える組織をつくる

　組織の規模が大きくなればなるほど、組織の体制を整備する必要性が高まってきます。企業においては、一人たりとも業務が原因で生命や健康が損なわれてはならないのです。働く人の健康を確保し続けるためには、それなりの基盤が必要不可欠といえます。

　人の健康を損なうものは、自然災害であり、物理化学的要因に源を発する事故等ですが、現在では、人が人の健康を損なう因子として掲げられています。「人」と技術革新の申し子である「IT機器」との関係（コミュニケーション）不全から「テクノストレス」が発生しました。現在は「人」と「人」の関係（コミュニケーション）不全から、メンタルヘルス不調や職場不適応等の健康障害が発生しているのも事実です。

　さて、「フール・プルーフ」というのは安全学における概念で、人は過ちを犯しやすい存在である、という前提に基づいた考え方です。働く人のメンタルヘルスが大きな社会問題となっていますが、管理監督者は自分自身が育ってきた環境をそのまま現在の職場に持ち込むことの危険性を十分理解していない場合があります。ラインケアにおいては、十分な教育が必要であり、そのために法定労働衛生教育があります。いまやメンタルヘルス教育は必要不可欠となっています。「ハインリッヒの法則」は小さい問題でも放置するといずれ大きな事故になる可能性を示しています。教育を実施すること、その決断は、人事労務教育を行っている最高責任者がなすべきものであるといえます。

　しかし、それでも人は過ちを犯すかもしれません。そのときの安全学上の概念が「フェイル・セーフ」と呼ばれるものです。これは、過ちが発生しても、それが飛び火して大きくならないようにすることを意味しています。フール・プルーフで大きな問題にならなかったとしても、過ちが発生する可能性は大きいといえます。その場合にどのような対応をすればリスクや損害を最小限にくいとめることができるのでしょうか。そこには、一つの解決策としてソーシャル・キャピタルがあり、ゆとりの創造が求められることになります。

　また、管理職の連携（情報交換、相談・助言等の横軸の構築）と管理職を支援するバックアップ体制の構築も重要です。働く人の健康管理義務は、現実的には経営者ではなく、指揮命令権を有する管理監督者にゆだねられています。とすると、管理監督者が部下の健康管理に悩むことなく、業務に没頭できるような環境をつくり上げることも経営者の役目となります。この組織づくりが、人づくりとなり、結果として組織の生産性の向上をもたらし、企業経営を支えることになります。

(2) 管理監督者の安全配慮義務

　部下の健康については、管理監督者が安全配慮義務の履行を事業者から委譲されていることになっています。安全配慮義務には、2つの義務があるとされており、すなわち、「予知予見の義務」と「結果回避の義務」があります。問題なのは、「予知予見できない」ことです。週40時間を超える時間外・休日労働時間が月100時間を超えた場合に働く人の健康障害リスクが高まる、ということはすでに周知のこととなっています。また、2週間以上、「いつもの部下ではない」と思い続けていたならば、「メンタルヘルスケア」が必要な部下となっていることも周知されています。これらの理解がなければ、予知予見ができないことになります。予知予見できなければ、結果回避ができないことにつながります。つまり大きな事故（企業の損失）の発生となるのです。

　管理監督者の研修で、「砂漠で水を飲めずさまよっていると、偶然に3本の液体の入ったガラスのボトルがあり、それぞれ、硫酸、ミネラルウォーター、酢酸エチル、と記載されていた。あなたはどれを選びますか？」との質問に、多くは即座に回答をしてくれます。なぜならば危険なものをすでに知っているからです。もし、知らなければ液体であればなんでも飲んでしまうかもしれません。現代企業において、すでに危険であるとわかっていることであっても、ある職場ではだれも気がつかないことがありえるかもしれません。リスク管理がなされていない職場では、いろいろな問題が発生することが予測されます。

　企業における従業員に対するメンタルヘルス教育が、メンタルヘルスケアの充実を判断するための司法の一つの基準になっていること（名古屋地裁、平成18年5月17日判決、高松高裁、平成21年4月23日判決）からもその重要性を垣間見ることができます。

　企業の経営基盤は、ひょっとするとこのようなことから大きく崩れていくのかもしれません。国際経済の動向の変化は、企業環境に大きな影響を及ぼすことは周知の事実となっていますが、そこは経営者の踏ん張りどころとなります。しかし、国際経済の変化といった外部影響ではなく、内部からの問題は、ある日突然発生してその基盤が崩れ落ちていく危険性をはらんでいます。リスクマネジメント（特にリスクアセスメント）ができていればすべてではありませんが、その危険性はある程度またはもしかしたらすべて回避することが可能となります。

　突発的に休暇をとった部下がいた場合、前提条件によっては、自殺等の重大な結果の発生を予見しなければならない注意義務が管理監督者にあることが、司法判断によって示されています。明らかに予見可能性があるかどうかについて、以下の判例を参考にしていただければと思います。

(3)参考判例

①過重な業務によって解離性遁走を発症、多量のアルコールを飲酒して死亡（25歳男性）

「本件当時の被告の管理本部人事管理部部長で、労務管理、安全衛生の責任者であったDにおいては、残業時間が1か月当たり100時間を超えると過労死の危険性が高くなり、精神疾患の発症も早まるとの知見や、（中略）本件配置転換以降に一郎が受けた上記のような業務上の心理的負荷の内容およびその程度についてもC（上司）らを通じて容易に知ることができたといえる。そうすると、CおよびDは、本件当時、業務上の心理的負荷等の過度の蓄積により一郎の心身の健康が損なわれること（その内容としてうつ病等の精神障害の発症とそれによる死亡等の重大な結果の発生が含まれる。）を予見することができたというべきである。しかるに、CおよびDは、たとえば、一郎が体調不良を理由に休暇を取った際にも、この業界ではよくあることなので特に気にしなかったなど、一郎の心身の健康が損なわれるおそれを深刻に受け止めることなく、その結果、一郎の時間外労働時間は、前期1（3）および3（3）のとおり、（中略）1か月間でも100時間を超えていたのに、（中略）一郎の長時間労働による業務上の負担を軽減するための適切な対応をしていなかったといわざるを得ない。（中略）

以上からすれば、被告には安全配慮義務ないし注意義務違反があったものというべきである。」

【東京地裁（平成23年3月7日判決）】

②うつ病に罹患したことのある従業員が転籍後に自殺。異動による心身不調の予見義務

「一般に、使用者は、その雇用する労働者に対し、当該労働者に従事させる業務を定めてこれを管理するに際し、業務の遂行に伴う疲労や心理的負荷が過度に蓄積して労働者の心身の健康を損なうことのないように注意すべき義務（安全配慮義務）を負う。そして、使用者が労働者に対し、異動を命じる場合にも、使用者において、労働者の精神状態や異動のとらえ方等から異動を命じることによって労働者の心身の健康を損なうことが予見できる場合には、異動を説得するに際して、労働者が異動に対して有する不安や疑問を取り除くように努め、それでもなお労働者が異動を拒絶する態度を示した場合には異動を撤回することも考慮すべき義務があるといえる。（中略）証拠によれば太郎が、出勤予定日の朝になって、突発的に欠勤を申し出たことが年に2回から3回程度あったことが認められるが、この程度の頻度の突発的な欠勤では通常の体調不良による欠勤と考えるのが自然であるから、かかる突発的な欠勤を持って、被告が太郎がうつ病に罹患していることを認識できたといえない。（中略）

以上からすれば被告は、本件異動の当時、太郎がうつ病に罹患していたことを認識していたとはいえず、また、これを認識することが可能であったということはできない。」

【名古屋地裁（平成19年1月24日判決）】

③突発的に休職した部下の自殺の予見性

「うつ病の患者は抑うつ症状が強まり、あるいは長く続くと、周囲の意見を聞くゆとりもないままに辞表を提出するという行動をとることがあり、他方でうつ病患者は、苦痛に堪えながらも相手に気取られぬように努力して、なめらかに話し、にこやかに笑顔を浮かべて対応するため、家族、同僚、診察者にも、本人がそれほど苦しんでいるとは思わず、突然の辞表・自殺企図に周囲が驚く元になるというのであり、また、<u>突然の欠勤（無断欠勤）は自殺サインの一つとされており、うつ病患者が症状に苦しんだうえで我慢できずに急に欠勤し出すことがあるというのである</u>から、太郎がうつ病を発症して自殺したとすると、太郎が平成11年2月24日ごろに至って同月末で仕事を辞めたいと申し出たことや同月26日から無断欠勤したことは、特段の事情もうかがえない以上、うつ病罹患者の症状の発現と解することができ、これによれば、遅くとも同月中旬ころまでには太郎はうつ病を発症していたものと推認される。」

【東京高裁（平成21年7月28日判決）】

8 健康経営はコミュニケーションが基盤

(1) 健康経営は双方向の理解

　経営者が従業員の健康づくりを積極的に推進している、と思っていても、果たして従業員はそう感じているのでしょうか。つまり、経営者の従業員に対する健康配慮が十分伝わっていなければ、むだな投資になっている可能性があります。つまり投資価値がない投資をしていることになります。経営者がまったく利益のない事業に投資することは特殊な場合を除いてはありえないことです。

　そこで、健康経営評価においては、双方向で会社の健康、従業員の健康を評価することにしています。つまり、経営者が健康経営を実践している、と表明しても、従業員がそれを実感していなければ健康経営は成立しない、という前提で評価しているのです。健康診断を実施している、健康管理体制を構築している、などが周知されて、経営者が表明していることが、すべての従業員に実感できるようなしくみをつくることが重要なのです。決して一方通行にならないこと、が大切です。

(2) 健康経営評価指標

　健康経営の実践を評価法として、すでに研究会では指標を定めています。まずは、経営者サイドからは、以下の6分野60項目をつくりました（昨今の環境変化を盛り込んだ「新しい健康経営評価指標」は第3部にて説明）。基本は、法令遵守であり、リスクマネジメントです。さらに、そのうえに疾病予防から健康増進に向けての取り組みを追加して、働く人の健康保持増進を求めています。

① 従業員の健康にかかわるコンプライアンス（健康診断など10項目）
② 従業員の健康にかかわる経営上のリスクマネジメント（個人情報など10項目）
③ 従業員のヘルスマネジメント（従業員の健康状況の把握など10項目）
④ 従業員に対する健康づくり事業の取り組み（メンタルヘルスケアなど10項目）
⑤ 企業の社会的責任（企業活動と社会貢献など10項目）
⑥ 事業者の意識（事業者の健康管理や健保組合との連携など10項目）

　健康経営は、事業者サイドからの一方通行ではなく、双方向が原則であることから、従業員サイドについても6分野60項目を定めています。事業者サイドの6分野に対応したも

のとして、事業者と従業員の間に健康に関する意識や実践に乖離があるかどうかを判断することで健康経営度を推し量るものです。

① 会社は健康に係る法令を守っていますか。
② 会社は従業員の健康を守るしくみをつくっていますか。
③ 従業員の皆さまは、自分の健康づくりを実践していますか。
④ 会社は健康づくりに取り組んでいますか。
⑤ 会社は社会的責任を果たしていますか。
⑥ 事業者は、健康づくりや職場環境の改善に関心をもっていますか。

ある企業の例を見てみましょう。健康経営評価指標を複数の事業場においてチェックした企業において、一部の事業場で全従業員の平均と大きな乖離が認められました。例としてA事業場に対しては、以下のような評価をしました。

なお、事業者は、これらの項目で8点から10点という回答（ほとんどの項目を事業者としては実施しているという評価）をしています（図6）。

図6●健康経営評価指標（A事業場の例）

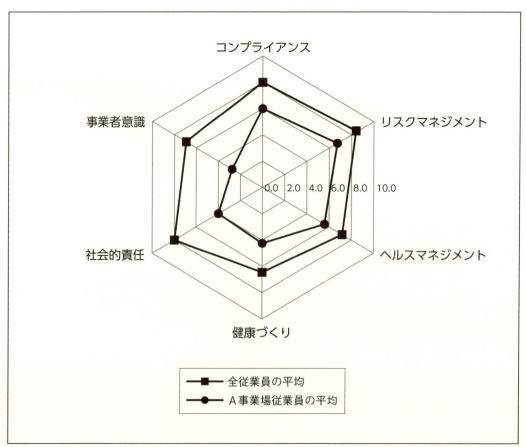

健康経営評価に対するコメントは、次のとおりです。

「A事業場の従業員の皆さまの結果と、従業員全員の平均値との間に大きな乖離が認められました。特に、社会的責任、事業者意識、健康づくりに関する問題が課題となる可能性が大きいといえます。

社会的責任については、
○「健康診断の結果に基づいて健康づくり活動が実施されていますか」
○「職場での健康づくりを行うにあたって目的や目標を設定し明文化されていますか」
○「職場において保健師や看護師が健康管理・健康づくりのサポートをしていますか」
に「いいえ」と多くの方が回答しておられます。

A事業場の従業員数は50人未満で、産業医の選任義務はありませんが、保健師・看護師については、雇用の問題がありますが、高額な費用で健康診断を実施していますので、その事後措置についてきちんと職場で実践されることが望ましいといえます。具体的には、健康診断の結果から、産業医・保健師等が面談を実施する、個別の異常所見に合ったパンフレットを配付する、健康診断後に健診結果の見方などの研修会を実施するなどが考えられます。従業員の皆さまに事業者が健康づくりを実施している、ということを実感してもらえるような具体的な施策を展開することが必要です。」

この結果報告から、経営者側から「この事業場にはメンタルヘルス不調者がいます」、との回答がありました。この後、コメントに基づいて社内で対応を検討し、保健師の定期的な事業場訪問（健康相談等）を実施したとのことでした。

9 健康経営のめざすところ

(1) 健康経営の意味するところ

　健康経営は、経営者と従業員の良好なコミュニケーションによって構築されるものです。大企業は健康保険組合を独自に有しており、事業者が従業員（被保険者）とともに健康保険組合に投資してその経営的基盤を支えています。従業員の私傷病について、経営者がその疾病保障を一部しているといえるものでもあります。本来、健康保険組合は企業から独立したものですが、昨今の健康保険組合の経営状況からは経営者と一体となって経営基盤を支え、健康保険制度を維持しなければならなくなっています。つまり、保険者と経営者が一体となって健康保険組合の基盤を支えなければならなくなっているのです。

　働く人の健康レベルを向上させれば、健保財政は安定することになりますが、財政についていえば現在では拠出金の問題もあり、必ずしもそうとはいえない状況でもあります。しかし、高齢化が急速に進展しても、高齢者が元気で疾病にならなければ、拠出金も減額されることになります。経営者が、給与を増額しても、健保財政の問題で、保険料率を上げることになれば、給与は果たして増えることになるのでしょうか。経営努力による給与の増額は、従業員の健康問題を考えることなくしては、従業員にとっては恩恵とならない可能性があります。健康で元気に働けることは、経営者、従業員双方の望んでいることではありますが、万が一に病気になったときに、安心して治療を受けられることは、従業員の将来に対する安心の醸成に必要です。経営者は、従業員の健康を考えることなく、会社の行く末と、従業員の満足度の両者を得ることができないのです。

(2) 従業員の満足度

　企業にとってその利益の獲得には、ＣＳ（Customer Satisfaction：顧客満足度）がきわめて重要です。しかし、よく考えてみると、顧客が満足するような営業は、営業担当者の働きがいに大きく依存するのではないでしょうか。そうすると、従業員の満足度すなわちＥＳ（Employee Satisfaction）ありき、ということになります。従業員の満足度はすなわち、「働きがい」であり、「生きがい」でもあります。「働きがい」「生きがい」を創造するには、まずはマズローが指摘する生理的欲求、すなわち「健康」が必須であるといえます。そして次に、「安全」が求められます。この基盤構築なくして、ＥＳへのステップアップはできないことになります。

元気な従業員は、退職後、社会での大きな力となって地域社会で活躍する存在となるとともに、退職して企業の顧客となりうるのです。また、その顧客は、地域に根差した企業の広報担当者にもなります。退職して、退職した企業の製品は一切購入しないという元従業員の存在は、社会的にはどのように見られるのでしょうか。

(3) 従業員の健康と企業の社会貢献

　企業を支えているのは、従業員だけではありません。社会が、地域が、住民が、そして顧客が企業を支え続けてくれることで企業の長い歴史が積み上げられていきます。もちろん、企業の中核には経営陣が、そして、企業の生産性と創造性を生み出す従業員の存在は必須となります。すべての従業員が退職後、元気であればあるほど、企業の熱烈な顧客が増えることになります。と同時に、社会、地域を支える存在にもなりえるのです。町が企業とともに発展していくさまは、城下町ができ上がるのと同じです。退職した従業員は、社会、地域に入り込み、その地の人たちに貢献することになります。退職した従業員だけではなく、現役の従業員もまた、社会や地域を支える力となっている場合も多く見られます。まさしく企業が従業員を通して社会に対して大きな貢献をしていることになります。企業価値を地域や社会とともに歩んで高めることで、大きな社会貢献を果たしていることになるのです。

　退職された方から、セカンドライフについての近況を頂くことがあります。大学に入り、もう一度勉学に励む人、新しい職場で第二の職業人としてスタートを切る人、資格を生かして独立開業する人、等そのエネルギーの大きさに圧倒されることがあります。

　また、企業がピンチに陥ったときに、臨時に再雇用され、そのピンチを救った人たちもいます。退職した会社のために、という気持ちを経営陣も大切にしなければなりません。企業がまさしく人に支えられていることを実感する場面でもあります。

　退職した人たちの多くは、健康でセカンドライフをスタートしたい、との言辞を残されます。健康で退職するのがあたりまえであるかのごとく、健康経営も目的の一つとして、入社から退職まで元気に、そして退職後も元気で悠々自適な生活を送っていただくこと、を挙げています。そのことはすなわち、会社も元気であることにほかなりません。もちろん、経営陣の人たちも元気で長寿であってほしいと望んでいます。それが、経営と健康の両立を意味している健康経営の証左にもなります。

10 産業保健スタッフと健康経営

(1) 産業保健スタッフと事業者

　働く人の健康管理のプロフェッショナルとして、産業保健スタッフの存在があります。労働者の健康障害の発生を防止するという、いわゆる安全配慮義務を履行すべき立場にある事業者から委託を受けて、その専門的知識や技術を駆使して事業者の義務履行を支援することになります。常時雇用する労働者が50人を超えれば、事業者は産業医を選任して、労働者の健康管理を行わせることが法律で規定されています。産業医と事業者は表裏一体となって働く人の健康の保持増進を図ることになります。

　しかし、一方では、健康管理や健康づくりは、事業者にとっては一つの事業としての視点があるのです。福利厚生の一環であったとしても、コストベネフィットやコストエフェクティブネスを考慮しなければ、赤字事業となってしまうのです。投資したからには、その見返りが必要であり、同じことが健康投資についてもいえます。企業は、利益を創出するためにまず、マーケティング調査を行い、売れそうなまたは利益が得られそうな商品等の開発を進めることになります。同じことが健康づくり事業についてもいえます。もし初めからマーケティング調査もなく、利益が出るのか出ないのかまったくわからないぶっつけ本番的な投資は、ハイリスクであり、赤字事業となりうる可能性がきわめて高いことは容易に想像できます。当初より事業性がない、と言っても過言ではありません。それでは、利益を誘導できる健康づくり事業とはどのようなものなのでしょうか。

(2) 全体を俯瞰して、詳細を詰める健康づくり

　企業で健康づくりを展開する場合、まず事業者が全体を俯瞰して戦略的構想を打ち立て、その構想に基づいて実践活動を行うのが産業保健スタッフです。検討の結果、産業保健スタッフは専門の立場から健康管理事業についての損益の可能性について意見を述べることになります。産業保健スタッフは戦略家ではなく、戦術家（もちろん戦略家もいらっしゃいます）ですので、その意見を集約し、その結果責任を負う立場で最終判断をし、ゴーサインを出すのが事業者、健康管理担当執行役員、担当管理職です。ここでも、その責任は事業者、経営者にあります。産業保健スタッフの資質に問題があれば、経営者がおそらく見抜くでしょうか、それとも経験を積ませるためにチャレンジさせてくれるのでしょうか。まさしく企業を舞台にした産業保健スタッフのOJT (on the job training) であり、育成

される場となります。事業者と産業保健スタッフの、ここでも、健康経営でいう双方向のコミュニケーション（お互いにその立場を尊重して専門的な意見を忌憚なく述べることができる環境の下でのコミュニケーション）がなければ効果ある健康づくり事業が成り立たなくなってしまいます。

(3) サブポピュレーションアプローチ

　ポピュレーションアプローチとハイリスクアプローチはすでに周知された方法です。しかし、企業規模が大きくなると、これだけでは期待する効果が得られないのが現状です。その場合、サブポピュレーションアプローチが有効であると考えられます。企業従業員の健康管理情報はすでに長年にわたって蓄積されているところが多く、そのデータをいかに活用するかが健康づくりプログラムの成果を左右することになります。健康づくりの効果は、産業保健スタッフの力だけでは組織が動かず得られるものでありませんし、経営者のかけ声だけでもコストベネフィット等の効果がうすれてしまうことになります。つまり現場の支援者が必要となります。

　そこで、全社ではなく、事業場ごと、さらには部ごとに健康管理情報を駆使して何が問題であるのかを検討することが有効であるといえます。その際、疾病をターゲットにするとプライバシーの問題になりかねませんので、自覚症状の出現率の高いものを羅列し、その上位いくつかの症状（たとえば上位3つ）がある群と、1つ以上（2つまでもしくは3つも含む）ある群、まったくない群の3群で、生活習慣を調査してみました。すると、やはり自覚症状が多い群には、生活習慣に多くの問題があることが判明しました。したがって、ターゲットは、生活習慣を改善することとして、その対応を考えることになります。ただし、生活習慣は、生活環境（職場では労働環境）によって影響を受けること、さらに、労働環境は社会環境によって影響を受けざるをえないことを考えますと、個人の習慣を変えるには、職場環境の改善も進めていかなければならないことになります。その環境改善は、おそらく各職場によって異なる可能性が高いので、現場を理解している衛生管理者や管理監督者の意見も含めて対策を講ずるとともに、現場の人たちが実践に加わることで大きな効果が期待できることになります。働く人のみでは解決できない職場の課題も、管理監督者、経営者が加わることで、簡単に解決できうる可能性があります。

　職場に勤める従業員は烏合の衆ではありません。その集団には、すべての人が共通の目標に向かって、そしてお互いに連携を取り、信頼をしながら着実に前進していく姿があります。もしそうでなければ、単なる烏合の衆となります。コミュニケーションという強力な推進力をもって健全経営という企業の健康とそこで働く人の健康が両立できるようにするのが健康経営です。産業保健スタッフも健康経営スクラムを組む一員です。

11
健康管理の限界への対応
─使用者と労働者の歩み寄り─

(1) 働く人の健康管理責任

　職場で働く従業員の健康管理は、基本的には、「労働安全衛生法」ならびに「労働安全衛生施行令」「労働安全衛生規則」等に基づいて実施されることになります。しかし「行政法令等の定める基準を遵守したからといって、信義則上認められる安全配慮義務を尽くしたものということはできない。」（福岡高裁。平成3年3月31日判決）とした司法判断からは、働く人の健康障害が発生してしまった場合は、企業側にまったく落ち度がなかった場合には、無過失責任として、労災保険が適用されますが、そうでない場合、つまり、なんらかの落ち度があった場合には民事責任、つまり賠償責任の追及がなされることになります。予見しうる健康障害は、その障害の発生を回避する義務が事業者に課せられているのです。

(2) 使用者に課せられる性質のもの

　この流れは、時代とともに変遷し、従業員の健康問題については、「労働者が現に健康を害し、そのため当該業務にそのまま従事するときには、健康を保持する上で問題があり、もしくは健康を悪化させるおそれがあると認められるときは、速やかに労働者を当該業務から離脱させて休養させるか、他の業務に配転させるなどの措置を執る契約上の義務を負うものというべきであり、それは、労働者からの申し出の有無に関係なく、使用者に課せられる性質のものと解するのが相当である。」（神戸地裁姫路支部、平成7年7月31日判決）と流れが加速することになりました。つまり、体の不調については、本人から申告がなくても、事業者が主治医、産業医の意見を聴取したうえで、就業上の措置を講じなければならない、との判断がなされたのです。

　一般に健康状況（既往疾病や現病）については、基本的には本人がみずから申告すべき内容のものであり、その申告内容に基づいて事業者は就業上の措置をとることが一般的です。それは作業管理を定めた労働安全衛生法第65条の3（事業者は、労働者の健康に配慮して、労働者の従事する作業を適切に管理するように努めなければならない。）に規定されているところです。働く人の健康状況は法定健康診断項目と本人の申告に基づいて産業医が判断するところとなりますが、申告がなければ客観的な健診データのみで判断しなければなりません。しかし、現在の法定項目で従業員の健康状況がすべて把握できるとは限

らないのです。従業員にとっては会社側には知られたくない情報もあり、したがってたとえ申告しなくても、腰が痛い、肩が痛い、というのであれば、その客観的な事実から上司が判断して短期間であっても職務の軽減や就業上の措置を講じることになります。メンタルヘルスケアでいうラインケアということになります。この場合、明らかに上司が日ごろの部下の健康レベルではない（いつもと違う）と判断しうるので、適切な対応が可能となります。

さて、この問題がメンタルヘルスにかかわるものであればどうなのでしょうか。この点については、「使用者は、必ずしも労働者からの申告がなくても、その健康にかかわる労働環境等に十分な注意を払うべき安全配慮義務を負っている。」（最高裁、平成26年3月24日判決）と判示されています。「精神的健康（いわゆるメンタルヘルス）に関する情報は、神経科の医院への通院、その診断に係る病名、神経症に適応ある薬剤の処方等を内容とするもので、労働者にとって、自己のプライバシーに属する情報であり、人事考課等に影響し得る事柄として通常は職場において知られることなく就労を継続しようとすることが想定される性質の情報」（同上判決）であることから、上司や産業医に申告しなくてもよい、ということを意味していることになります。

従来の健康管理は、使用者の健康診断実施義務ならびに事後措置実施義務がその柱をなすべきものですが、今後は、メンタルヘルス不調は自己申告しなければ産業医も知りえない情報となりますので、その対応（事後措置）は苦慮することになります。これからの働く人の健康問題は、体や心の病気といったレベルで論じるのではなく、職場の環境や上司とのコミュニケーションにおいてなすべきものと判断するのは時期尚早でしょうか。信義則はお互いの信頼関係が構築されなければ成立しません。成熟した人間関係を築くためには、お互いの立場を尊重することが必須です。いまや従来の健康管理の基盤が崩壊し、新しい土台を改めて構築しなくてはいけなくなったといえます。心と体の健康を確保するためには、会社と従業員の双方向で快適な職場を醸成し、そして、コミュニケーションを図ることが必要となりましたが、このことはまさしく、健康経営のめざしているところです。

労働態様、雇用契約など労働環境が大きく変遷し続ける現代社会において、働く人の健康をどのように確保するのか、会社の経営管理をいかにするのか、この両者を両立させることがますます重要な課題として議論しなければならなくなってきました。

(3) 参考判例

① 「行政法令の定める労働者の安全確保に関する使用者の義務は、使用者が労働者に対する関係で当然に負担すべき安全配慮義務のうち、労働災害の発生を防止する見地から、特に重要な部分にしてかつ最低の基準を公権力をもって強制するために明文化したものにすぎないから、右行政法令等の定める基準を遵守したからといって、信義則上認められる安

全配慮義務を尽くしたものということはできない。」

【福岡高裁（平成元年3月31日判決）】

②「労働者が現に健康を害し、そのため当該業務にそのまま従事するときには、健康を保持する上で問題があり、もしくは健康を悪化させるおそれがあると認められるときは、速やかに労働者を当該業務から離脱させて休養させるか、他の業務に配転させるなどの措置を執る契約上の義務を負うものというべきであり、それは、労働者からの申し出の有無に関係なく、使用者に課せられる性質のものと解するのが相当である。」

【神戸地裁姫路支部（平成7年7月31日判決）】

③「会社で稼働する労働者をいかに有効に活用し、そのもてる力を最大限に引き出していくかという点が経営における最大の関心事の一つになっている（中略）、責任感のある誠実な経営者であれば自社の労働者の至高の法益である生命・健康を損なうことがないような体制を構築し、長時間勤務による過重労働を抑制する措置を採る義務があることは自明であり、この点の義務懈怠によって不幸にも労働者が死に至った場合にはおいては悪意又は重過失が認められるのはやむを得ないところである。なお、不法行為責任についても同断である。」

【大阪高裁（平成23年5月25日判決）】

④「自らの精神的健康（いわゆるメンタルヘルス）に関する情報は、（中略）。使用者は、必ずしも労働者からの申告がなくても、その健康に関わる労働環境等に十分な注意を払うべき安全配慮義務を負っているところ、上記のように労働者にとって過重な業務が続く中でその体調の悪化が看取される場合には、上記のような情報については労働者本人からの積極的な申告が期待し難いことを前提とした上で、必要に応じてその業務を軽減するなど労働者の心身の健康への配慮に努める必要があるというべきである。」

【最高裁（平成26年3月24日判決）】

12
自然にやさしい、環境にやさしい、人にやさしい

(1) 従業員の健康から始まる世界の健康

　地球にやさしい企業、自然にやさしい企業は、人にやさしい企業でもあるはずです。そうでなければ社会を欺く社是となります。企業は、社会の財産です。企業は人を育てる器です。社会の発展は、企業なくしてはありえません。われわれの健康も労働という規則正しい生活を半ば強制することで一定の健康を維持することができます。それは、企業のなせる技でもあります。企業がその製品を生産する過程で、自然にやさしく、地球環境を考えているのであれば、おおいなる社会貢献であり、自然・地球貢献にもなります。そのような企業が百年以上続けば、そこで働く人もその企業の周辺地域も、そして国も豊かになるのかもしれません。地球の健康を考えるならば、自然環境の保護や維持に真摯に取り組まなければ、地球の将来は暗いものとなります。

　高齢化が進むわが国においては、高齢者が元気で過ごせるよう、その取り組みが必要です。しかし、高齢者になってからでは、おそらく十分な効果が期待できないものもあります。定年退職時の従業員の健康状況が、わが国の健康や国力の将来像を示すかもしれません。一人ひとりの健康が集まってこそ、家族や地域、企業、社会、と大きな健康に結びつくことになります。また、一方では、地球が、国が、そして企業が、地域が元気にならないと、個人も元気になりえないという面を否定できません。

　「健康で元気な従業員が元気な会社をつくり、いい製品を社会に送り出す」とともに、「元気で健全な企業が、健康で元気な従業員を産み出し、社会に繰り出す」の両者の相乗効果で、企業と従業員がますます元気になる、のは夢の話なのでしょうか。職場の環境や管理監督者の健康についての考え方（経営者の健康意識が大きな推進力となるということ）が、労働者の働きがいと、ひいては生きがいを創造することになります。そのためには、マズローの五段階欲求階層説で示されているように、働く人の健康、安全、などが職場において積み上げられていかなければなりません。自己健康管理意識は、短期にそして簡単に身につくものではありません。生活習慣病の成立には、生活環境病、社会環境病の視点が必要です。職場では労働者自身が解決できない問題がいくつもあり、その解決については、管理監督者や経営者の力が必要な場合がほとんどです。

　また、健康上の問題は、専門家の支援が必要であることから、産業保健スタッフの支援もまた必要不可欠であるといえます。職場での問題は、職場内で解決できる能力が醸成されていなければならないのです。「いつもと違う部下」をいち早く気づくことが上司の役

割であれば、従業員（受診者）と1年に1回または数回しか会わない産業保健スタッフは、「いつもと違う受診者、相談者」に気づくことがその役割の一つでもあります。産業医は、現代社会においてはすでに専門医としての位置づけがなされているものと考えられます。企業リスクと従業員の健康リスクが直結する現代社会において、産業保健スタッフは、健康管理上のリスクコミュニケーション担当者としての役割を期待されているのです。

　健康経営は、企業者、管理監督者のみならず、労働者みずからも自分自身の健康管理ができること（健康投資に見合う効果が期待できるのか）が必要で、また、産業保健スタッフも健康づくりプログラムが、その経営的効果が期待できるような支援をすべき役割を担わなければならないのです。

(2)休日の活動は健康の源

　休日を活動的に送ることは、2型糖尿病の発症予防になることは、すでに述べたところです。また、日常生活における活動量は、将来の生活習慣病発症リスク、死亡リスクと相関していることについては、多くの研究報告があります。これらの研究成果からいえることは、長時間労働は、働く人の休日を奪い、結果として活動的な日々を奪うことになるということです。

　もし、企業が従業員の定年退職後の健康、すなわち社会資本となるべき大きな価値のある健康を望むのであれば、入社から退職までの健康を確保する義務があります。セカンドライフの健康のスタートラインでもある退職時の健康状況は、社会的価値があることを忘れてはならないのです。個々人において加齢現象は避けがたいものであっても、元気で退職を迎えてもらいたいと思う企業のポリシーがなければなりません。長時間労働が、将来の健康を大きく損なう可能性を秘めていることは知っておく必要があります。人の健康は、時間、空間、人間等多くの因子が絡み合ってもたらされます。また、その時間をどのように使うかは、個人個人の問題ですが、少なくとも健康をつくるための時間を奪わないように、また奪われないような社会が望ましいといえます。その主役はヒエラルキーのある組織であるといえるのではないでしょうか。ただし、そのヒエラルキー内においては健康を考えることができるリテラシーを有することが条件ですが。

(3)健康経営のすすめ

　世界経済の潮流に翻弄され、また急速に進展する技術革新に適応できずもがかざるをえない現代社会においては、自分自身の健康を守るだけで精いっぱいかもしれません。しかしわれわれ人間は、お互いに支え合って社会を形づくっています。同じ働くのであればディーセントワークでありたいし、退職後も元気で社会に貢献したい、と思っているのではないでしょうか。理想を追い求めることは、現実的ではありませんが、理想がなければ、

現実は崩壊します。

　わが国において、働く人の健康問題が社会的問題として取り上げられるようになって久しい状況にあります。英知を結集していますが、結果がなかなか出てこないのも現実です。自殺者数は少し減ったかもしれませんが、依然として働き盛りの死因の第1位は自殺です。自殺を減らすには、医療職だけではその力が限定されています。病気、家庭問題、職場問題、雇用問題、経済問題などいろいろと考えられますが、その対応・解決には多くの人の協働が必要です。

　若い人たちと接していると、全力を注ぎ込めるような仕事があれば、われを忘れて没頭するかもしれない、と感じます。その仕事を与えるのは人生の先輩の人たちです。おそらく、医学的な根拠はありませんが、そのような仕事において過労死は発生しないのではないかとも思います。そうでないと世界的な発見・発明や技術革新などはありえない、ことになります。週40時間を超える時間外・休日労働が月100時間を超えたので、その時点で大切な研究はストップ、ということになれば、おそらく人類の発展も望めないでしょう。仕事に熱い思いをもっていれば、また、その指導する立場の人たちが、部下のモチベーションや仕事への情熱を思いやって、優しく、そして厳しく見守り、育てることが先輩の使命です。経営者は、若い従業員の大先輩なのです。

　経営者が源泉となる健康経営、管理監督者が進める健康経営、働く人が取り組む健康経営、そして健康経営を支援する健康保険組合、健康経営コンサルタントたる産業保健スタッフがそれぞれもてる力を発揮することで、企業、働く人の健康をマネジメント（経営）することができます。そして、経営者自身もまた自分自身の健康を大切にマネジメントする人であってこそ、将来ある企業経営が見えてくるのであろうと思います。

　最後にある居酒屋での会話を考えてみました。
　居酒屋の主となじみ客の会話です。あなたが居酒屋の主だとして、なじみ客とどのような会話をするのでしょうか？

①**A居酒屋での会話**
　主）今日もありがとうございます。
　客）毎日飲むのが楽しみでね。
　　　ところが、今日の健康診断でいきなり「アルコール禁止」と言われてまいったよ。気分悪いし。
　主）そら、お気の毒に。ストレス発散に今日は心ゆくまで飲みましょう。
　客）そうそう、そうでなくてはね。
　主）ストレスは、体に悪いですよね。酒は百薬の長ですよ。
　客）そうそう、主いいこと言うね。
　主）短い人生、楽しく、愉快に飲みましょう。
　客）そうだそうだ。

②B居酒屋での会話
　主）いらっしゃい、いつもごひいきに。
　客）毎日飲むのが楽しみでね。
　　　ところが、今日の健康診断で「アルコールを控えては」と言われたよ。先生は健診の結果を基に、確かに一理ある説明だったなあ。
　主）そうですか。商売あがったりです。
　　　でも、これからずっと末永く元気で楽しく飲んでもらうほうが、この店も繁盛です。
　客）そうかなあ。
　主）そうでしょ。じゃ、これからは1日1合で。末永くおつきあいを。
　客）そうかなあ。
　主）飲めなくなったらどうします。肝臓悪くなったら大変ですよ。いたわってあげましょう。
　客）そうだな。

　多くの人が、人をいたわり、健康を大切にする、経営者が企業と人を大切にすること、また、経営者以外でも家族や同僚、そして産業保健スタッフの従業員を思いやる心をもって健康管理を進めていくこと、人から始まる健康経営は、企業の発展への連鎖していくはずです。会話がさらに続けば、お互いに健康を気遣って共進することになります。

　主）私もごひいきのお客さんの元気な顔をずっと見続けていきたいですよ。
　　　そうそう、私も最近、毎日ウォーキングをするようしています。
　客）そうか、私も何かしようと思っているけど、今日から少しでも歩くようにしようか。

第3部
新しい健康経営評価指標

高橋　千枝子

三菱ＵＦＪリサーチ＆コンサルティング　株式会社
コンサルティング・国際事業本部　マーケティング戦略部
チーフコンサルタント

1 健康経営評価指標が求められる背景

(1)健康経営は理解から具体的実践のステージに

　「健康経営」という冠言葉をつけたセミナーが、都心部を中心にあちらこちらで開催されるようになり、新聞・雑誌やテレビで「健康経営」特集を見る機会も増えてきています。同時に、「健康経営」に関する書籍もこの1年で一気に増えています。セミナーや新聞・雑誌、テレビ、書籍と手段・媒体は違えども、内容としては前段に健康経営の重要性・概要が説明されて、その後、先進的な事業者の取り組み事例が紹介されることが多いのですが、取り上げられる事例も"おなじみ"の事業者になりつつあります。

　健康経営に関する情報は"豊富"になっており、「いまなぜ健康経営が求められるのか？」「健康経営とはなんのことか？　健康管理とは何が違うのか？」「健康経営に取り組む先進事業者はどこか？」といったことを調べるのは難しくはないでしょう。健康保険組合を中心とする保健事業の実施事例をまとめた「データヘルス事例集」（厚生労働省）もインターネットで容易に入手することができます（http://www.mhlw.go.jp/seisakunitsuite/bunya/kenkou_iryou/iryouhoken/hokenjigyou/jirei.html参照）。

　いまや「健康経営」は、知る・学ぶといった"理解"のステージから、"具体的実践"のステージへと移行しつつあります。この際、大きな課題となるのは、「自社（事業者・健康保険組合など総合して自社と称する。以下同じ）の健康経営状況の把握」そして「自社がめざす健康経営目標の設定」です。前述したように、健康経営の先進事例の情報収集は難しくはありませんが、比較的大企業の事例が多く、業種業態や企業規模（従業員数含む）も異なっていれば、そのまま導入することは難しいでしょう。また、現時点で自社はどこまで健康経営に取り組んでいて、何ができていないのかを明確に把握できていないことには、めざす健康経営目標を設定しようがありません。

　そこで、自社の健康経営度を客観的に把握するものとして、「健康経営評価指標」が注目されています。

(2)健康経営評価指標の目的

　「健康経営評価指標」の真の目的は、自社の健康経営度を客観的に把握することだけではなく、「健康経営の実践」につなげることです。さまざまな分析を通じて自社の健康経営度を定量的かつ定性的に分析して、健康経営の実現に向けた問題点・課題を見いだして

いくことが必要です。そしてめざす健康経営目標を設定し、目標達成のためのロードマップを描き、具体的にアクションにつなげていかなければ、健康経営評価指標は絵に描いた餅で終わります。健康経営評価指標は、自社の健康経営度の客観的な把握からスタートするPDCAの入り口にすぎません（**図7**）。

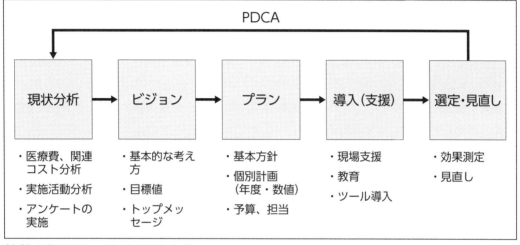

図7●健康経営の実現に向けたPDCA

（出典）三菱UFJリサーチ＆コンサルティング

（3）CSVと健康経営

　近年、CSRの一歩先の概念として、マイケル・ポーターが提唱するCSV（Creating Shared Value：共有価値創造）が注目されています。CSVとは、社会課題解決と企業成長をめざすものですが、本書テーマである「健康経営」とも関連性があります。

　CSVの3つの取り組みの一つに、「既存事業の価値連鎖のしくみ（バリューチェーン）を変革し、社会貢献に寄与する」という活動モデルがあり、そのなかで「従業員の生産性向上」が取り上げられています。従業員の健康・安全確保、能力向上などへの支援を通じて従業員の生産性向上を図り、社会に価値を生み出すだけでなく、企業の成長をも同時に実現していくものです。CSVと健康経営は新しい経営スタイルとして定着していくでしょう。

2 新しい健康経営指標に求められる視点

（1）新しい健康経営評価指標に求められる10の視点

　これまでも、健康経営度を客観的に把握する「健康経営評価指標」はさまざまな団体から提示されてきました。第2部で紹介された、NPO法人健康経営研究会が定めた健康経営評価指標もその一つです。しかし、健康経営を取り巻く環境は日々変化しており、健康経営評価指標の内容も時代に合致したものに変えていかなくてはなりません。

　そこで、新しい時代に合致した「健康経営評価指標」に求められる10の視点をまとめました（表13）。

表13●健康経営評価指標の10の視点

① 経営者みずからが健康経営の実現に積極的に参画する

② 健康経営に関する取り組みを情報開示する
（コーポレート・ガバナンス）

③ 従業員の健康と安全を守るコンプライアンスがより重視される

④ 健康経営の取り組みが全社員に浸透し、ESの向上につながっている

⑤ 保険者と事業者の連携が進んでいる
（コラボヘルス、データヘルス）

⑥ 管理監督者が部下の心身の健康づくりに貢献している
（ラインケア）

⑦ 職場環境とコミュニケーションが健康づくりに貢献している

⑧ 健康経営の取り組みが医療費抑制につながっている

⑨ 大企業だけでなく中堅・中小企業まで健康経営が浸透している

⑩ 健康経営が生産性向上やブランド向上に貢献している
（企業価値の向上）

(2) 新しい健康経営評価指標に求められる10の視点〈ポイント〉

ここからは、表13で挙げました新しい健康経営評価指標の10の視点について、それぞれのポイントを紹介していきます。

①経営者みずからが健康経営の実現に積極的に参画する

健康経営とは、従業員の健康こそが重要な経営資源であると位置づけ、従業員の疾病予防や早期治療に投資することで、結果として医療費抑制や業務生産性向上につながり、企業価値向上を実現することです（図8）。

図8●健康投資と投資効果

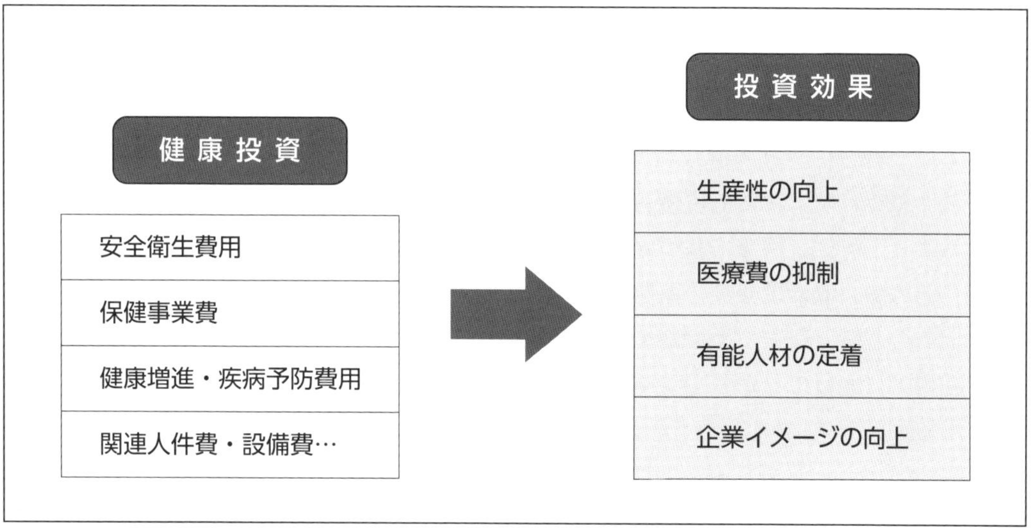

健康投資
- 安全衛生費用
- 保健事業費
- 健康増進・疾病予防費用
- 関連人件費・設備費…

投資効果
- 生産性の向上
- 医療費の抑制
- 有能人材の定着
- 企業イメージの向上

（出典）三菱UFJリサーチ＆コンサルティング

つまり健康経営は、戦略・マーケティングと同じ「企業経営」であり、その責任者は経営者になります。新しい健康経営評価指標では、経営者が健康経営の方針策定にいかにかかわり、実行推進にどれだけ尽力しているのかを評価する必要があります。また経営者みずからが、健康経営の実現にどれだけかかわっているのかも評価する必要があるでしょう。経営者が電車通勤で健康づくりをしている、社員を誘って定期的にジョギングしたりマラソン大会に出たりしているなどは、経営者が率先して健康づくりを行っているといえるでしょう。逆に、接待三昧と運動不足で明らかにメタボな経営者であれば、健康経営をめざす企業のトップとしては説得力がありません。

②健康経営に関する取り組みを情報開示する（コーポレート・ガバナンス）

健康経営に関する取り組みを情報開示することが求められています。安倍政権が掲げる日本再興戦略において、コーポレート・ガバナンス報告書やCSR報告書等に、「従業員の

健康管理や疾病予防などに関する取り組み」の記載が求められました。先進的な企業はすでに、各種報告書で自社の健康経営の取り組みについて開示を始めています。2015年3月に、経済産業省は東京証券取引所と共同で「健康経営銘柄」22社を選定・公表しましたが、選定企業による積極的な情報開示が期待されています。

また2015年6月1日より適用が開始される「コーポレートガバナンス・コード」では、ステークホルダー、特に中長期保有の機関投資家と建設的な対話を行うための項目が記載されており（コーポレートガバナンス・コード原案より）、健康経営に関する目標や計画、進捗状況についても情報開示や説明が求められていくでしょう。

新しい健康経営評価指標では、健康経営に関する取り組みを情報開示しているのかを評価する必要があります。

【参考】コーポレートガバナンス・コード（情報開示・説明に関する基本原則を抜粋）

◇**基本原則3「適切な情報開示と透明性の確保」**

　上場会社は、会社の財政状態・経営成績等の財務情報や、経営戦略・経営課題、リスクやガバナンスに係る情報等の非財務情報について、法令に基づく開示を適切に行うとともに、法令に基づく開示以外の情報提供にも主体的に取り組むべきである。その際、取締役会は、開示・提供される情報が株主との間で建設的な対話を行う上での基盤となることも踏まえ、そうした情報（とりわけ非財務情報）が、正確で利用者にとって分かりやすく、情報として有用性の高いものとなるようにすべきである。

◇**基本原則5「株主との対話」**

　上場会社は、その持続的な成長と中長期的な企業価値の向上に資するため、株主総会の場以外においても、株主との間で建設的な対話を行うべきである。経営陣幹部・取締役（社外取締役を含む）は、こうした対話を通じて株主の声に耳を傾け、その関心・懸念に正当な関心を払うとともに、自らの経営方針を株主に分かりやすい形で明確に説明しその理解を得る努力を行い、株主を含むステークホルダーの立場に関するバランスのとれた理解と、そうした理解を踏まえた適切な対応に努めるべきである。

（出典）コーポレートガバナンス・コードの策定に関する有識者会議
　　　　「コーポレートガバナンス・コード原案～会社の持続的な成長と中長期的な企業価値の向上のために～」
　　　　（http://www.fsa.go.jp/news/26/sonota/20150305-1.html参照）

---

③従業員の健康と安全を守るコンプライアンスがより重視される

　従業員の健康と安全を守るコンプライアンスは、より重視されていきます。労働基準法や労働安全衛生法といった基本法令を遵守することは当然のこと、健康増進法や個人情報

保護法といった関連法、その他行政指針への遵守・対応が求められます。

しかし法令を遵守さえすれば、従業員の健康と安全を守れるわけではありません。従業員の健康と安全に向けて、法令とは別に各企業が独自のガイドラインを定めていく必要があるでしょう。たとえば「残業禁止」を推進している企業がありますが、時間外労働時間などのルールを前提とすれば残業自体は法律違反になりません。しかしこの会社にとっては、「残業禁止」は「残業禁止によって従業員の健康を確保し生産性向上につなげる」「残業禁止によって家庭との両立が可能になり、継続就業しやすい」という独自のルール・ガイドラインです。

新しい健康経営評価指標では、法律遵守だけでなく独自のルール・ガイドラインも策定・運用されているのかを評価する必要があります。

④健康経営の取り組みが全社員に浸透し、ESの向上につながっている

健康経営の取り組みが全社員に浸透し、それが従業員の心身の健康づくり、ひいては従業員の働きやすさにつながっているのかという、従業員サイドからの確認と検証が必要です。健康経営を経営ととらえると、トップが方針を策定し実行推進するというトップダウンにとらえられてしまいます。しかし、どれだけ崇高な健康経営ビジョンを策定し、社内に立派な健康施設を整備したり、充実した健康教育資料を作成したとしても、それが全社員に広く認知・浸透され、健康づくりに役に立っていると実感できなければ意味がありません。また、健康経営は従業員の健康状態を改善することだけが目的ではなく、結果的に生産性向上やブランド向上、ひいては企業価値向上につなげることが最終目的です。したがって、健康経営の取り組みが従業員に認知・浸透され、働きやすさや健康づくりにつながっているのか、新しい健康経営指標では従業員満足度調査（ESアンケート：エンプロイイー・サティスファクションアンケート）等で、従業員の声を把握することが求められます。

⑤保険者と事業者の連携が進んでいる（コラボヘルス、データヘルス）

ご存じのとおり、コラボヘルスとは、事業主と健康保険組合（保険者）が連携して、社員およびその家族の健康増進を推進していくことです。データヘルスとは、レセプトや保険診療データを分析・活用して、加入者の疾病予防、重症化予防など健康維持・増進につなげることです。保険者は2014年度中にこのデータヘルスを活用した事業計画を策定し、2015年度より実施することが求められています。このデータヘルス計画がうまくいくには、事業主とデータ蓄積する保険者との連携が必要不可欠です。

健康経営は、経営的視点から従業員の健康増進を推進するものであるため、健康保険組合が主体で動いても効果が限られます。双方の経営資源をうまく活用し合うことによって、効率的かつ効果的に健康経営を進めることができます。

新しい健康経営評価指標では、コラボヘルスが実現しているのかについて評価する必要があります。

⑥管理監督者が部下の心身の健康づくりに貢献している（ラインケア）

　企業のメンタルヘルス対策には、セルフケア、ラインによるケア、事業所内産業保健スタッフなどによるケア、事業場外資源によるケアの4本柱があるといわれます（厚生労働省「労働衛生のしおり」より）。このなかで、管理監督者が中心的な役割を果たすのがラインによるケアであり、職場環境改善や部下への相談対応や職場復帰支援など、部下の心の健康を中心にした支援です。

　現場でのメンタルヘルス対策は、早期発見・対応および回復支援が中心になりがちですが、経営的視点で従業員の健康をとらえた場合、いかに心身の健康に課題がない職場づくりに取り組むこと、言い換えれば心身の健康レベルが高く、生き生きと元気に働く社員をいかにして生み出すのかです。部下に対する日々のコーチングやモチベートなど、管理監督者の役割はますます重要になり、二次予防（早期発見）・三次予防（治療・回復）はもちろん大切ですが、一次予防（健康増進）に積極的に取り組むことが求められます。

　新しい健康経営評価指標では、管理監督者が一次予防から部下の健康づくりに貢献しているのかを評価する必要があります。

⑦職場環境とコミュニケーションが健康づくりに貢献している

　これまでの健康管理は身体と心（メンタル）の健康に焦点を当てた、健康診断や保健指導、メンタルヘルス対策が中心となってきました。しかし、心身の健康はこれらの施策だけで実現するものではなく、快適な職場環境づくりとコミュニケーション促進も重要です。

　快適な職場環境づくりとは立派なオフィスビルや最新鋭設備の工場という意味ではなく、心地よい音楽が流れていたり、昼寝スペースがあったり、家庭菜園ならぬオフィス菜園があったり、音や香り、太陽光といった五感も含めた快適な空間に配慮していることです。また、コミュニケーション促進とは社員食堂やコミュニティスペース、部活動、フリーアドレス制など、多くの社員と自然に会話が弾む機会を与えることです。特に近年は、IT化や在宅勤務などで直接顔を合わせて話す機会が減ってきているため、社員どうしの関係性も希薄になっています。

　新しい健康経営評価指標では、快適な職場環境づくりとコミュニケーション促進によって、働きやすさと健康づくりを実現する取り組みがなされているのかを評価する必要があります。

⑧健康経営の取り組みが医療費抑制につながっている

　健康経営とは、従業員の健康こそが重要な経営資源であると位置づけ、従業員の疾病予防や早期治療に投資することで、結果として医療費抑制や業務生産性向上につながり、企業価値向上を実現することです。つまり従業員の健康管理のための費用を増やすことが目的ではなく、心身ともに健康な社員が増えることで医療費抑制につながることが期待成果の一つになります。たとえば、従業員の知識スキルを向上するには、教育研修機会・費用

を増やすことが目的ではなく、いまより高い品質・レベルの業務ができる社員が増えることが期待成果の一つになります。

　しかし、医療費抑制も知識スキル向上も測定・把握するのは簡単なことではありません。しかし、次回の検診結果との比較や、もし手を打たなかったら起こりえた課題等（ハイリスク社員を放置して、将来的に重症化した場合の医療費など）で可視化する工夫が求められます。

　新しい健康経営評価指標では、取り組み成果を可視化する工夫がなされ、実際に医療費抑制につながっているのかを評価する必要があります。

⑨大企業だけでなく中堅・中小企業まで健康経営が浸透している

　世間で取り上げられている健康経営の先進事例は、大企業が中心で、前述の「健康経営銘柄」も上場企業が対象です。しかし日本は、事業所数でも従業員数でも中小企業のほうが圧倒的に多いのが現状です（企業数では大企業は0.3％、中小企業は99.7％。従業員数では大企業は30％、中小企業は70％）。十分な専門スタッフや予算がない中小企業にとって、大企業の事例は参考にはなるものの、自社に取り入れるのは難しいのが現状です。

　労働力確保・維持が難しい中小企業だからこそ健康経営の取り組みが求められますが、必ずしも大企業と同じように取り組む必要はありません。まず自社の健康経営課題を把握し、優先順位をつけて集中して取り組むべきでしょう。

　新しい健康経営評価指標では、大企業だけが参考になる指標だけではなく、中小企業にとっても参考になる指標が求められます。指標については後述しますが、NPO法人健康経営研究会と三菱UFJリサーチ&コンサルティング株式会社は企業規模を考慮して、「大企業向け詳細評価指標」と「中小企業向け簡易評価指標」を共同開発しています。

⑩健康経営が生産性向上やブランド向上に貢献している（企業価値の向上）

　健康経営の期待成果は、医療費抑制や業務生産性向上につながり、企業価値向上を実現することです。さまざまな取り組みによって残業時間が削減したり、有給休暇取得率が向上したとしても、結果として業務生産性向上につながっていなければ健康経営が実現したとはいえません。従業員の健康づくりに投資することが、従業員にプラス評価され、なんらかの行動変容（集中しやすい早朝から業務開始する、業務効率化に取り組むなど）につながることが必要です。

　また、業務生産性向上とは単に業務効率向上だけでなく創造性向上も意味します。生き生きと働く社員が増えることで、パフォーマンスが高まり企業業績向上、ひいては企業価値向上につながることが重要です。さらに、健康経営が実現している企業は対外的な企業ブランドの向上・イメージアップにもつながります。そして、それは人材の定着や有能な人材確保にもつながります。

　新しい健康経営評価指標では、健康経営の取り組みが生産性向上やブランド向上、ひいては企業価値の向上につながっているのかを評価する必要があります。

3 新しい健康経営評価指標

　健康経営度を把握する指標として、私が所属する三菱UFJリサーチ&コンサルティング株式会社とNPO法人健康経営研究会が、前述の「新しい健康経営評価指標に求められる視点」を盛り込んだ、新しい健康経営評価指標を共同開発しました。
　ここからは、新しい健康経営評価指標についてご紹介します。

(1) 新しい健康経営評価指標の全体像

　このたび共同開発しました、新しい健康経営評価指標は、「Ⅰ．経営・ガバナンス」「Ⅱ．健康マネジメント」「Ⅲ．健康パフォーマンス」の大きく3つで構成されています。従業員の健康管理・健康増進の運営・取り組みを評価するだけでなく（Ⅱ．健康マネジメント）、経営面からの健康経営の位置づけや取り組みを評価すること（Ⅰ．経営・ガバナンス）、さらには健康経営の取り組みを通じた具体的成果をしっかり評価するものになっています（Ⅲ．健康パフォーマンス）。
　業種業態・規模を問わずすべての企業（ここでは事業主、健康保険組合、行政、大学など複数組織の集合体も含む組織を総称している）の健康経営度を評価するために、新しい健康経営評価指標では「大企業版（詳細評価項目）」と「中小企業版（簡易評価項目）」の2種類を開発しました。もちろん大企業であっても、これから健康経営に本格的に取り組むならば中小企業版で評価してもよいですし、逆に中小企業であっても健康経営が進んでいるのであれば大企業版で評価してもよいでしょう。
　後述しますが、新しい健康経営評価指標は点数で定量評価されますので、指摘された課題に取り組み、段階的に健康経営度が高まっていくことで、結果的に点数アップします。1回の評価ではなく年に1回など継続的にモニタリングできるようなしくみになっています。
　新しい健康経営評価項目は表14のとおりです。前述の3つのパート（経営・ガバナンス、健康マネジメント、健康パフォーマンス）が大項目となり、それぞれに4つの中項目があります。

表14●新しい健康経営評価指標

〈大項目〉	〈中項目〉	〈内容〉
Ⅰ 経営・ガバナンス	コーポレートガバナンス	健康経営に関する企業経営の仕組みが確立されているか？
	コンプライアンス	健康管理に関する法令・ルールは遵守されているか？
	リスクマネジメント	健康リスク発生を防止・最小化する管理がされているか？
	情報開示	健康経営の取り組み・成果について適切に情報開示しているか？
Ⅱ 健康マネジメント	現状把握・計画設定	健康状態を把握・分析し、適切な計画目標が設定されているか？
	実行推進	取り組みが具体的で、継続して行われているか？
	パートナーシップ	社内外関係者と良好な関係性を築いているか？
	従業員教育	従業員に適切かつ十分な健康教育を行っているか？
Ⅲ 健康パフォーマンス	生産性・ES向上	生産性向上や従業員満足度向上につながっているか？
	企業価値創造	ブランド力向上、企業価値の創造につながっているか？
	成果（健康度向上）	各取り組みが健康度向上につながっているか？
	医療費抑制	医療費の抑制につながっているか？

（出典）三菱UFJリサーチ＆コンサルティング

(2)新しい健康経営評価指標の項目について

Ⅰ．経営・ガバナンス

　経営・ガバナンスでは、経営面からの健康経営の位置づけや取り組みを評価します。中項目の「コーポレートガバナンス」では、健康経営方針策定や独立専任組織など、企業経営として健康経営が位置づけられ、適切な取り組み・組織が確立しているのかを評価します。経営者みずからが健康経営の実現に積極的に取り組んでいるのかも重要な視点です。

　次の「コンプライアンス」では、健康管理に関する法令・ルールが遵守されているのかを評価します。労働基準法や労働安全衛生法といった基本の法律だけでなく、その他のさまざまな関連法律や行政指針への対応、そして独自のガイドラインを定めているのかを評価します。次の「リスクマネジメント」では、健康リスクを特定化し、防止・最小化する対応ができているのかを評価します。

　最後の「情報開示」では、健康経営に関する取り組みや成果を適切に情報開示しているのかを評価します。コーポレートガバナンス報告書やCSR報告書等への積極的な情報開示が求められています。

Ⅱ. 健康マネジメント

　健康マネジメントでは、従業員の健康管理・健康増進の運営・取り組みを評価します。中項目の「現状把握・計画設定」では、健康情報・データ分析を基に自社の健康課題の抽出、健康マネジメント方針の策定がしっかりされているのかについて評価します。次の「実行推進」では、目標・方針に従って遂行されているのか、定期的に見直されているのかを評価します。また、データヘルス・コラボヘルスの取り組みについても評価します。つまり、2つの中項目では健康経営のPDCAがきちんと回っているのかを評価します。

　次の「パートナーシップ」では、社内外関係者と良好な関係を築いて健康経営に取り組んでいるのかを評価します。具体的には、産業保健スタッフや外部医療機関、健康関連施設・サービス、地域等との連携です。

　最後の「従業員教育」では、従業員に対して適切かつ十分な健康教育を行っているのかを評価します。管理監督者は一次予防から部下の健康づくりに積極的にかかわることが求められるため、管理者向け健康教育の実施状況についても評価します。

Ⅲ. 健康パフォーマンス

　健康パフォーマンスでは、さまざまな健康経営の取り組みを通じた具体的成果を評価します。中項目の「生産性・ES向上」では、健康経営推進により生産性向上やES（従業員満足度）が向上しているのかを評価します。従業員の健康づくりに投資することが従業員に認知・評価され、なんらかのプラスの行動変容につながっているのかが重要です。次の「企業価値創造」では、生産性向上やES向上が企業業績向上につながり、さらに社外からのイメージアップ向上にも広がり、結果的に企業価値創造につながっているのかを評価します。

　次の「成果」では、さまざまな取り組みが健康度向上につながっているのかを評価します。健康診断受診率や残業時間、禁煙率など一つひとつを評価していきます。また、職場環境づくりやコミュニケーション促進が行われ、なんらかの成果が上がっているのかに関しても重要な視点となります。

　最後の「医療費抑制」では、健康経営の取り組みが医療費抑制につながっているのかを評価します。金額ベースでの時系列変化だけでなく、もし手を打たなかったら起こりえた将来医療費など、なんらか可視化する取り組みが行われているのかを評価します。また同業・同規模他社と比較した評価も行います。

(3) 評価の流れ「健康経営評価認証制度」

　新しい健康経営評価指標の浸透を目的として、「健康経営評価認証制度」を立ち上げます。評価認証プロセスは、図9のとおりです。

第3部 新しい健康経営評価指標

図9●健康経営の評価認証プロセス

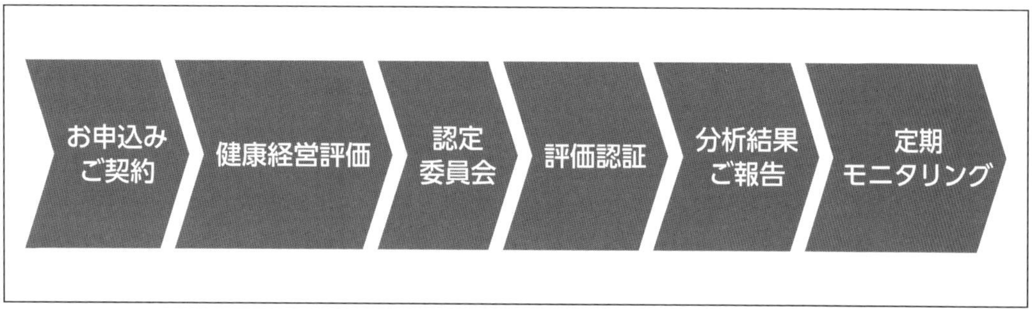

お申込み ご契約 → 健康経営評価 → 認定委員会 → 評価認証 → 分析結果 ご報告 → 定期モニタリング

(出典) 三菱UFJリサーチ＆コンサルティング

　新しい健康経営評価指標に基づき、健康経営評価員（健康経営コンサルタント、保健師や産業医など）が評価を実施し、評価結果および改善意見をまとめます。評価結果に公平性・客観性をもたせるため、評価結果は有識者（産業医、弁護士、労働衛生コンサルタント等）からなる「健康経営認定委員会」によって審議され、その妥当性が認められれば評価認証を行います。評価認証主体はNPO法人健康経営研究会です。
　評価結果に応じていくつかのステージに分かれ、健康経営の取り組みをブラッシュアップすることでステージアップできるしくみにしています。定期モニタリングを取り入れていることが特徴です。

(4) 従業員健康経営アンケートの実施

　健康経営評価認証制度の特徴の一つとして、従業員サイドからの健康経営浸透度を測定する「従業員健康経営アンケート（ESアンケート）」を標準サービスとしています（ただし、大企業版のみ）。資料分析やインタビュー（経営者、健康保険組合、人事部門等）だけでは、健康経営の取り組みが全社員に浸透し、効果を実感して、行動変容まで促せているのかを把握できません。
　従業員健康経営アンケートを実施することで、トップおよび関連組織（健康保険組合や人事部門等）が考える自社の健康経営度と、社員が実感している健康経営度のギャップを抽出することができます。たとえば、トップおよび関連組織が「管理者向け健康教育が充実している」と自己評価していたとしても、社員は不十分と実感しているかもしれません。そこになんらかの課題（社内説明不足やプログラム内容・頻度など）があるかもしれません。

(5) アウトプットとPDCA

　健康経営評価結果は、評価結果報告書としてまとめられ、前述の第三者評価（トップおよび関連組織の評価）と従業員評価（従業員健康経営アンケート）とのギャップを表し

たレーダチャートとともに、健康経営度を高めるための改善アドバイスを示します（**図10**）。単に点数で評価するのではなく、改善ポイントを示すことで、評価後のPDCAのサイクルにつなげることができます。

図10●評価結果報告書イメージ

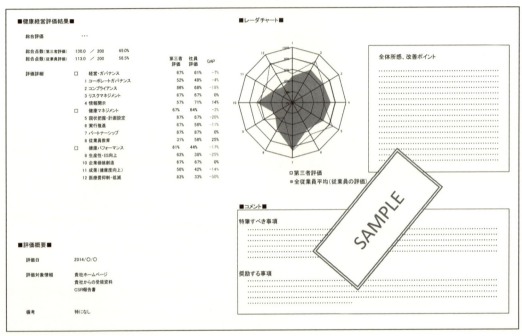

（出典）三菱UFJリサーチ＆コンサルティング

（6）最後に

　新しい健康経営評価指標は、新しい時代に求められる視点を盛り込んだ「健康経営を実現するための新しいモノサシ」になることをめざしています。新しい健康経営評価指標の浸透を目的として立ち上げた「健康経営評価認証制度」は、継続的な取り組みを通じて、段階的に健康経営レベルの向上を図ることを目的としています。

　業種業態・企業規模に問わず、本書で紹介した新しい健康経営評価指標および健康経営評価認証制度が広く浸透することで、生き生きと働く人が増え、結果的に企業価値創造につながる、そんな健康社会が実現することに貢献できればと思います。

著者紹介

岡田　邦夫（おかだ・くにお）

特定非営利活動法人　健康経営研究会　理事長

（略歴）大阪ガス株式会社人事部健康開発センター統括産業医、大阪経済大学人間科学部客員教授。大阪市立大学医学部卒業後、大阪ガス産業医、健康開発センター健康管理医長として活躍の傍ら、関西学院大学社会学部非常勤講師、大阪市立大学医学部非常勤講師、同志社大学スポーツ健康科学部嘱託講師、大阪市立大学医学部臨床教授などを歴任。日本陸上競技連盟医事委員、大阪陸上競技協会理事などの役職を務める。著書に『判例から学ぶ従業員の健康管理と訴訟対策ハンドブック』（法研）、『産業医学実践講座』（南江堂）、『行動変容を可能とする特定保健指導のすすめ方』（社会保険研究所）ほか多数。

高橋　千枝子（たかはし・ちえこ）

三菱ＵＦＪリサーチ＆コンサルティング　株式会社
コンサルティング・国際事業本部
マーケティング戦略部　チーフコンサルタント

（略歴）神戸大学卒業後、株式会社三和総合研究所（現在の当社）に入社。消費財・サービス分野のマーケティングリサーチや事業戦略、Ｍ＆Ａ支援、事業化支援に従事し、特にヘルス＆ビューティケア分野を得意とする。近年は「健康経営」による企業価値創造に注力している。著書に『図解　健康業界ハンドブック』（東洋経済新報社）、『高くても売れる！７つの法則』（ダイヤモンド社）、『肥満解消マーケティング』（日本経済新聞出版社）などがある。博士（商学）、経営学修士（ＭＢＡ）、中小企業診断士。

これからの人と企業を創る健康経営
－健康経営評価と企業価値創造－

平成27年8月20日　初版第1刷発行

著　者		岡田　邦夫
		高橋　千枝子

発　行　　特定非営利活動法人　健康経営研究会
　　　　　大阪府大阪市北区西天満5-2-18
　　　　　三共ビル東館　〒530-0047
　　　　　電話　06-6362-2310
　　　　　URL　http://kenkokeiei.jp/

制作販売　株式会社　社会保険研究所
　　　　　東京都千代田区内神田2-4-6
　　　　　WTC内神田ビル　〒101-8522
　　　　　電話　03-3252-7901(代)
　　　　　URL　http://www.shaho.co.jp/shaho/

Ⓒ健康経営研究会　2015　Printed in Japan

ISBN978-4-7894-6529-8　C3034　￥1800E

乱丁・落丁本はお取り替えいたします。
本書のコピー、スキャン、デジタル化等の無断複製は著作権法上での例外を除き禁じられています。本書を代行業者等の第三者に依頼してコピー、スキャン、デジタル化することは、たとえ個人や家庭内の利用でも著作権法上認められておりません。